Passeport pour la France

Annie Rouxeville

PASSEPORT

pour la France

Annie Rouxeville

Second Edition

Sheffield

Academic Press

Illustrations by Mark Edley

First published 1988
Second edition, revised and up-dated 1995

Copyright © 1988, 1995 Sheffield Academic Press

Published by
Sheffield Academic Press Ltd
Mansion House
19 Kingfield Road
Sheffield S11 9AS
England

Typeset by Sheffield Academic Press
and
Printed on acid-free paper in Great Britain
by The Cromwell Press
Melksham, Wiltshire

British Library Cataloguing in Publication Data

A catalogue record for this book is available
from the British Library

ISBN 1-85075-738-0 2nd edition
(ISBN 1-85075-131-5 1st edition)

TABLE DES MATIERES

PRÉFACE A LA SECONDE EDITION

Comme chacun le sait, les livres de langue montrent vite leurs rides et *Passeport pour la France* n'est pas une exception. Cette seconde édition ne s'éloigne guère de l'édition originale en ce qui concerne la méthodologie mais cherche essentiellement à rafraîchir des perspectives culturelles qui étaient celles des années quatre-vingts. Une dizaine de textes ont été changés ainsi que bon nombre d'exercices. Je me suis laissé guider dans ce travail par mes collègues de l'Université de Sheffield ainsi que des collègues d'autres universités, en particulier celles de Hull, Southampton et Central Lancashire. Leurs remarques perspicaces et leurs conseils judicieux m'ont été des plus précieux dans la préparation de ce travail.

Dans cette édition des références grammaticales sont faites à trois livres: *A Comprehensive French Grammar* de L.S.R. Byrne et E.L. Churchill, *A French Reference Grammar* de H. Ferrar et *French Grammar* de M.E. Coffman Crocker dans la série 'Schaum's' (voir abréviations ci-dessous).

Nous avons utilisé dans cette nouvelle édition des textes de: *Le Monde, Le Point, L'Evénement du Jeudi, Boulo, L'Expansion, Libération* et la compagnie Brittany Ferries. La majorité ont bien voulu nous accorder leur permission de reproduire ces textes. Qu'ils en soient remerciés. Malgré tous nos efforts certaines requêtes sont restées sans réponse et nous espérons qu'il s'agissait là d'une approbation tacite. Finalement j'aimerais exprimer ma reconnaissance à Christophe Buyse, Mariette Folliot, Sébastien Grisvard, Valérie Lavau, Marc Robert et Laurence Tatarian pour leur aide pratique, ainsi que John Peak dont la patience et les encouragements ont permis de mener ce projet à terme.

REFERENCES DES GRAMMAIRES UTILISEES:

L.S.R. Byrne and E.L. Churchill, *A Comprehensive French Grammar*, completely revised and rewritten by Glanville Price, Blackwell, Oxford UK & Cambridge USA, 1993 (= Byrne & Churchill)

H. Ferrar, *A French Reference Grammar*, Oxford University Press, Oxford, 1967 (= Ferrar)

M.E. Coffman Crocker, *French Grammar*, Third Edition, Schaum's Outline Series, McGraw-Hill, Inc., New York, 1990 (= Schaum's)

INTRODUCTION

Ce manuel doit son existence au besoin ressenti à la section de français de l'Université de Sheffield de formuler un programme d'étude de la langue française qui permette aux étudiants de développer leur compétence communicative dans le domaine oral comme à l'écrit. Ce programme cherche néanmoins à concilier les exigences mentionnées avec des aspects de l'enseignement des langues plus traditionnels qui sont fréquemment retenus par habitude, par peur des changements, par paresse et même—on voudrait parfois l'ignorer—pour de bonnes raisons pédagogiques. Querelle des Anciens et des Modernes? Certes non, car la cause est entendue: la recherche de la compétence communicative représente le plus grand pas fait dans l'étude des langues ces dernières années. Admettons cependant de bonne grâce que certaines méthodes fort décriées couramment ont aussi leurs mérites. L'erreur commise trop fréquemment est de penser que la traduction, par exemple, est un exercice totalement stérile, ou encore qu'apprendre des listes de vocabulaire est une tâche ingrate et rébarbative. Ces pratiques, si elles sont des fins en elles-mêmes et si elles ne font pas partie d'une panoplie d'autres exercices, méritent effectivement ces critiques. L'expérience nous a montré cependant que, considérées comme partie intégrante d'un cours de langue, ces méthodes d'enseignement pouvaient avoir des résultats positifs. Le présent ouvrage est moins une tentative de réconciliation des 'Anciens' et des 'Modernes'—ce qui risquerait d'être aussi inconfortable qu'improductif—qu'un effort pour regrouper des méthodes d'enseignement qui nous ont paru être efficaces par leur valeur intrinsèque et leur variété, et qui mettent l'accent sur le 'faire' plutôt que sur le 'savoir'.

Les étudiants sont soumis à une série d'exercices qui doivent leur permettre de développer leur compétence dans les divers actes linguistiques que sont: lire, écrire, écouter et parler. L'oral a été trop longtemps négligé. On sait par ailleurs que le seul fait d'être en milieu francophone ne signifie pas que l'étudiant absorbe la langue comme par osmose, sans effort de sa part. Pour que l'étudiant tire profit de son séjour à l'étranger, il doit s'y rendre déjà équipé d'une connaissance de la culture et de la langue—qui sont indissociables—et, essentiellement, d'une aptitude à communiquer. Cette dernière ne s'improvise guère et les meilleurs résultats sont obtenus en exposant les étudiants à des doses massives de français sous formes diverses et en les obligeant à abandonner le rôle à demi passif de celui qui reçoit l'information pour entrer dans le jeu et parler, ou écrire. Car, bien que l'importance de la langue orale soit en évidence dans cet ouvrage, la langue écrite n'en est pas pour autant négligée.

Dans l'utilisation de la langue écrite comme orale la motivation est très importante. La variété des exercices ne peut qu'encourager l'étudiant, de même que la variété des domaines étudiés. Ce manuel a été organisé selon une approche résolument thématique. A l'intérieur de chaque centre d'intérêt sont proposés des documents à lire ou à écouter, des exercices oraux et écrits dont certains sont centrés sur une révision grammaticale, et une étude de vocabulaire. Le choix des centres d'intérêt a été guidé par l'observation des lacunes chez les étudiants. Combien d'entre eux sont rebutés par les journaux et magazines français parce qu'ils en comprennent mal la langue, qu'il s'agisse d'articles de fond ou de publicité? Nous avons cherché à favoriser un élargissement des domaines d'étude et à sensibiliser l'étudiant à un langage qui, s'il est éloigné du français littéraire, n'en est pas pour autant technique. Les exercices et activités proposés ne suivent pas une progression linéaire et les chapitres peuvent être étudiés séparément.

Ce cours a été utilisé pendant plusieurs années à l'Université de Sheffield par des étudiants de deuxième année et il a été, bien sûr, modifié à la lumière de l'expérience. Il est destiné à des étudiants d'université ou de collège ayant déjà de solides connaissances de français.

Chaque chapitre offre un schéma similaire et est organisé de la façon suivante:

DOCUMENT ECRIT   Il y a deux documents écrits dans chaque section: l'un assez long et linguistiquement complexe, provenant souvent d'un quotidien ou d'un magazine français, l'autre plus bref et en général d'un caractère plus pratique. Chaque document est assorti de notes et d'exercices de compréhension et d'utilisation active de la langue, tant à l'oral qu'à l'écrit.

DOCUMENT SONORE   Une bande sonore d'une durée de cinq à dix minutes est proposée dans chacun des chapitres. Ces documents authentiques qui complètent les études textuelles reflètent la variété des centres d'intérêt et abordent des sujets allant du pratique avec le Minitel à des sujets plus ésotériques comme l'acupuncture en passant par les médias avec la cassette exclusive que la station de radio West FM a bien voulu réaliser pour nous. Des exercices se rapportant à chaque bande sonore sont situés après les documents écrits.

VOCABULAIRE   Les recherches courantes semblent prouver que l'étudiant retient plus facilement le vocabulaire ayant un lien thématique. L'expérience de l'enseignement montre par ailleurs que les étudiants sont souvent capables de manipuler des constructions assez sophistiquées mais manquent de 'briques' pour leur édifice linguistique. Ces sections de vocabulaire, consciemment lourdes dans certains chapitres, ont pour but d'offrir à l'apprenant un vocabulaire qui n'a pas la prétention d'être complet mais qui allie aux données traditionnelles des mots et expressions d'usage répandu, même s'il est parfois très récent. Ce vocabulaire est utilisé par la suite pour donner corps au reste du chapitre.

GRAMMAIRE   Bien que la grammaire ne soit pas l'objectif primordial de ce manuel, elle n'en paraît pas moins comme le ciment nécessaire sans lequel la structure manquera de solidité. Une révision de notions théoriquement déjà connues est suggérée dans chaque chapitre. Cette révision est en partie dictée par les ressources fournies dans les documents écrits, en partie par les difficultés généralement éprouvées par les étudiants. Des références sont faites à trois grammaires (voir Préface à la seconde édition) mais il est évident que toute grammaire sérieuse fera l'affaire.

UTILISEZ VOS CONNAISSANCES   Cette section est destinée à l'utilisation active, à l'écrit ou à l'oral, des connaissances glanées au cours du chapitre. Une variété d'exercices est proposée allant de jeux de rôles, conversations téléphoniques et discussions à des rédactions dirigées, lettres et rapports. Les irréductibles de la traduction y trouveront leur compte: des traductions français-anglais et anglais-français leur sont offertes dans des registres non-littéraires. Par ailleurs un certain nombre d'activités sont suggérées dans lesquelles l'étudiant doit réagir à un document authentique l'obligeant à un acte de communication. L'enseignant doit savoir à l'occasion perdre son rôle de centre omniscient de la classe; il ne doit pas être celui qui pose toujours les questions et il doit savoir surveiller le travail d'équipe des étudiants sans toujours y participer.

Pour terminer, une carte de la France métropolitaine et de la France d'outre-mer a été incluse (Appendice I), de même qu'une section sur les sigles, grands favoris des Français (Appendice II).

Nous espérons que l'hiatus ne sera pas trop grand entre l'idéal de ce cours tel qu'il est formulé et sa réalisation sur le terrain, et que les connaissances acquises dans le maniement de la langue et les divers centres d'intérêt proposés seront utiles à l'étudiant, qu'il veuille les utiliser dans sa vie professionnelle ou simplement pour comprendre la France d'aujourd'hui.

REMERCIEMENTS

L'auteur tient à remercier les personnes et organismes suivants qui ont, de diverses manières, aidé à la réalisation de ce volume:
Armand Colin, *L'Express*, *Le Monde*, *Le Nouvel Observateur*, *Paris-Match*, *Le Point* et *The Sheffield Star* qui nous ont accordé l'autorisation de reproduire divers documents; CIPA, DHSS, Gîtes Ruraux de France, Gym-ligne, Kodak, Nottingham Building Society, Office de tourisme de Quiberon, PTT, RATP, SNCF, et West FM qui ont bien voulu nous donner la permission d'utiliser des matériaux de diffusion et de publicité; G. Boulay, A. de Freyman, H. Hillet, R. Lefrancq, A-P. Latournerie, A. Millardet, A. Perciot, C. Pinot, M. Pinot, J. Rambaud et Y. Rouxeville qui ont contribué à l'élaboration de la documentation; Professor D. Williams pour avoir encouragé la publication de ce manuel alors qu'il n'en était qu'au stade d'un cours-pilote; Dr T.M. Pratt dont les conseils et encouragements ont été précieux tout au long de la préparation de ce projet;

C Lodge, J. Morfitt, A. Roberts et K. Southern qui ont par leur aide pratique facilité la réalisation de ce manuel; le centre audio-visuel de l'Université de Sheffield qui a préparé la cassette et finalement tous ceux qui ont apporté leur contribution et qui ont, chacun à sa manière, contribué à l'aboutissement de cet ouvrage.

I

LES MEDIAS

DOCUMENT ECRIT I

Les Agences de presse

Aucun journal, qu'il appartienne[1] à la presse écrite, parlée ou télévisée et quels que soient[2] ses moyens, n'est en mesure de recueillir lui-même, chaque jour et sur toute la surface du globe, la totalité des nouvelles et des illustrations qui lui sont nécessaires. La plupart d'entre eux ne se procurent même, par leurs propres initiatives, qu'une très faible partie de leurs informations, limitée dans beaucoup   5
de cas aux nouvelles locales. Ils sont, par conséquent, obligés d'acheter le reste.

Pour répondre à ce besoin, des entreprises particulières se sont constituées uniquement en vue de la collecte et de la diffusion du matériel informatif (texte et images), soit au plan mondial, soit au plan national. Ce sont les agences télé-   10
graphiques d'information. De sorte qu'une division du travail, bien caractéristique de l'évolution industrielle, s'est opérée entre ces organes spécialisés dans la production en continu d'un bulletin de nouvelles—qui est, littéralement, le 'journal des journaux'—et la presse au sens étroit du terme. Ainsi déchargées d'une bonne partie de la collecte informative, les rédactions des journaux se consacrent surtout à élaborer et à compléter ce fond commun, en l'adaptant aux   15
besoins d'un public défini.

En outre, des départements spécialisés des grandes agences, ainsi que des entreprises spéciales dites *agences de texte*, offrent à la presse des articles entièrement rédigés, voire des pages complètes toutes prêtes à être imprimées. Le même type d'organisation existe pour les illustrations. Il est donc possible aujourd'hui de   20
confectionner[3] un journal de la première à la dernière ligne avec des matériaux venus de l'extérieur.

Le rôle des agences, déterminant dans la production et l'échange des nouvelles autres que strictement locales, appréciable dans le domaine des explications et même parfois du commentaire, est, par conséquent, l'un des traits essentiels de   25
l'information contemporaine. C'est à elles, et à leur efficacité, que notre presse doit quelques-unes de ses qualités majeures: l'universalité, la richesse de contenu, la rapidité.

L'organisation des agences n'est pas, pour l'essentiel, différente de celle des autres journaux puisqu'elles[4] ne se distinguent d'eux que par leurs fonctions et   30
non par leurs objectifs. Leur activité consiste à recueillir l'information, à la trans-

mettre, à l'élaborer et à la diffuser, le tout dans les meilleurs délais.[5] Pour cela elles disposent de moyens et de services appropriés, dont la pièce maîtresse est très certainement leur réseau de correspondants, étendu comme un gigantesque
35   filet sur la terre entière pour y recevoir, partout et à tout moment, les nouvelles.

Financièrement leur problème est d'équilibrer sur un nombre de ventes aussi grand que possible le coût élevé de cette infrastructure. Dans la pratique, cet idéal n'est pas toujours atteint, pour plusieurs raisons. Tout d'abord le nombre des consommateurs possibles est au total assez faible: les quelque[6] 8 000 jour-
40   naux du monde, un nombre plus réduit encore de stations de radiodiffusion et télévision, quelques[7] périodiques et un petit nombre de clients publics ou privés en dehors des entreprises de presse. Mais, surtout, ce marché global est lui-même tout à fait théorique. Les divisions politiques et les disparités économiques sont actuellement si profondes que chaque agence ne touche finalement qu'une assez
45   petite partie de ses clients potentiels. Enfin ce marché de l'information est, moins qu'aucun autre, fondé sur le seul équilibre des besoins et de la rentabilité. Ses implications sont telles que, dans nombre de cas, les Etats ne peuvent s'en désin-téresser. Leurs rivalités de prestige ou d'intérêt, l'action qu'ils entendent avoir sur leurs populations, la politique enfin dans tous les sens du terme, sont si
50   étroitement conditionnés par la diffusion des nouvelles que les agences se trou-vent toujours plus ou moins soumises à des impératifs de caractère politico-diplo-matique. Comme, d'autre part, la commercialisation a les plus grandes chances d'être déficitaire, l'intervention publique devient inévitable. Seules les agences très puissantes, si elles disposent en outre d'une vaste aire linguistique, peuvent
55   échapper dans une assez large mesure à ces servitudes. Cela ne signifie pas que les autres agences ne puissent[8] réaliser un travail d'une bonne qualité. Mais elles le font dans des conditions souvent trop dépendantes à l'égard de leurs Etats respectifs.

© B. Voyenne, *La Presse dans la société contemporaine*, Armand Colin

Notes

1.	qu'il appartienne	La conjonction indique ici un choix: (soit) que… (soit) que…
2.	quels que soient	Voir Grammaire, révision, p. 25
3.	confectionner	= put together
		La confection = ready-to-wear clothing
		Vêtements de confection = off-the-peg clothes
		Attention: confectionery = la confiserie
4.	puisque…	Indicatif ou subjonctif?
		Certaines conjonctions de subordination sont toujours suivies de l'indicatif, d'autres du subjonctif et une troisième catégorie varie

selon le sens donné à la conjonction.
Voir Grammaire, Révision, p. 25

5.	dans les meilleurs délais	: dans les délais les plus brefs
6.	Quelque	Adverbe qui ne s'accorde pas et qui veut dire: environ, à peu près
7.	Quelque	Adjectif qui s'accorde
8.	puissent	Pourquoi le subjonctif? Remarquez également l'omission de 'pas' après le verbe pouvoir.

Les agences de presse mondiales les plus importantes sont:

Agence France-Presse (AFP)	F
Associated Press (AP)	USA
Reuter	GB
TASS	URSS

Exploitation du Document

1. Avez-vous bien compris?

   a. Pourquoi les journaux ne peuvent-ils se passer des agences de presse?
   b. Quel est le rôle d'une agence de texte?
   c. Quels sont les critères selon lesquels la presse est jugée?
   d. Les agences de presse sont-elles totalement indépendantes de la politique? Justifiez votre réponse.
   e. Comment une agence de presse recueille-t-elle les informations?

2. Traduisez en anglais les passages suivants extraits du document:

   a. 'Pour répondre à ce besoin...d'un public défini' (l. 7-16).
   b. 'Les divisions politiques...devient inévitable' (l. 43-53).

3. Faites un résumé de ce texte en à peu près 200 mots.
   Ne répétez pas de phrases entières du texte. Vous pouvez bien sûr en utiliser des expressions, mais le résumé doit être votre création. Omettez les détails pour centrer votre résumé sur les idées essentielles.

4. Traduisez les phrases suivantes en essayant de vous rapprocher le plus possible du texte original sans toutefois le consulter:

   a. Their work consists of gathering information, transmitting it, elaborating on it and diffusing it, all in the shortest possible time.
   b. In financial terms, their problem is to balance the high cost of this infrastructure against the highest possible number of copies sold.
   c. Only the very powerful agencies, if in addition they cover a vast linguistic area, can escape these constraints to a significant extent. This does not mean that other agencies cannot produce work of a high quality.

Vous trouverez la version française de ces phrases aux lignes 31-32, 36-37 et 53-56.

DOCUMENT ECRIT II

Réclamant l'arrêt d'une campagne publicitaire pour «utilisation d'images dégradantes»

L'Agence française de lutte contre le sida[1] attaque la firme Benetton en justice

L'Agence française de lutte contre le sida (AFLS), association placée sous tutelle du ministère délégué à la santé, a assigné, mercredi 15 septembre, la firme italienne Benetton à propos de sa dernière campagne publicitaire. Benetton diffuse, depuis quelques jours à l'échelon international, par voie de presse et d'affiches,différentes photographies montrant un bras, un postérieur et un bas-ventre qui portent en tatouage la formule «*HIV positive*». Le responsable de la firme de Trévise rappelle son engagement en faveur de la lutte contre le sida et réfute les arguments selon lesquels il utiliserait la détresse et la souffrance des malades à des fins commerciales.

«*HIV positive*»: le sigle anglais définissant la séropositivité vis-à-vis du virus du sida s'affiche[2] en différents endroits, fortement symboliques, du corps humain: le bas-ventre, au-dessus d'une toison pubienne, au-dessus du pli du coude, sur une fesse. Ecrit à l'encre violette, il évoque les tampons[3] des services vétérinaires apposés sur la viande apte à être commercialisée dans les boucheries, ainsi que l'utilisation qui a pu être faite, par le régime nazi notamment, du tatouage à des fins d'humiliation et de ségré-

gation. On notera aussi qu'il correspond à la volonté affirmée au début de l'épidémie par certains porte-parole de l'extrême droite de marquer publiquement dans leur chair le statut sérologique des personnes contaminées.

Couplée au dépistage obligatoire, une telle mesure, expliquait-on alors, aurait été éminemment utile pour prévenir la diffusion de l'épidémie, chacun pouvant savoir de la sorte qui était contagieux et que ne l'était pas encore.

Le quotidien communiste *l'Humanité* et l'hebdomadaire *Globe* ont déjà accepté la diffusion de la publicité Benetton dans leurs colonnes, tout comme *Libération, Elle, Marie-Claire* ou *Vingt ans*. A l'inverse, différents titres, parmi lesquels *le Nouvel Observateur, le Figaro* et *le Monde* ne participent pas à cette campagne. La société Métro-bus (groupe Publicis), concessionnaire de très nombreux espaces publicitaires (métro, bus, abribus), l'a, elle, acceptée. «*Notre unique impératif est de refuser les publicités politiques, religieuses ou pornographiques. Nous n'avons pas à juger sur le fond,*[4] nous a expliqué Gérard Gros, directeur général de cette société. *Toutefois, compte tenu de la proximité de lecture dans le métro, nous avons refusé la photographie du pubis.* Certains autres supports ont fait

de même.» Deux réseaux d'affichage national, Giraudy et Decaux, ont accepté la diffusion des photographies Benetton.

«Marquage discriminatoire»

Faut-il s'indigner d'une telle entreprise, au risque d'alimenter encore une controverse dont on sait qu'elle aura pour conséquence de fournir gracieusement[5] une publicité considérable à la firme italienne? La situation n'est pas nouvelle. Luciano Benetton et son photographe-publicitaire, Oliviera Toscani, ont, à de nombreuses reprises ces dernières années, lancé des campagnes spectaculaires usant de symboles sexuels et d'images de mort à des fins commerciales. Jamais pourtant ils n'étaient allés aussi loin en confectionnant un montage photographique qui, *via* le sida, réunit ces deux thèmes dans la provocation.

Passé maître dans l'art d'entretenir la polémique qu'il suscite en jouant de l'ambiguïté inhérente à la démarche publicitaire, M. Benetton développe aujourd'hui mieux que jamais son argumentation. «*Les trois photos de fort impact qui lancent la campagne automne– hiver 1993–1994 de Benetton sont autant de métaphores illustrant le marquage discriminatoire pratiqué par la société à l'égard de ceux qui sont différents*, explique-t-on à Trévise. *Avec ces images, nous voulons mettre en lumière non seulement les voies par lesquelles le sida peut être transmis mais également les dangers attachés à la stigmatisation de certains groupes sociaux et de leur mode de vie».*

On explique également qu'il ne s'agit là que de la «déclinaison» d'un thème déjà illustré au cours de différentes campagnes, comme celle à base de préservatifs multicolores, ou celle, plus récente, montrant un militant américain de la lutte contre le sida sur son lit de mort. On détaille également les multiples initiatives prises par la firme dans la lutte préventive contre le sida, en collaboration avec les mouvements associatifs au Brésil, en Italie, aux Etats-Unis, en Allemagne, en Autriche, au Japon, etc.

En France, Benetton rappelle qu'il a participé cette année, avec l'association AIDES, à une opération publicitaire incitant les jeunes à l'usage du préservatif. La firme précise, d'autre part, qu'elle a organisé, en association avec le magazine *Vingt ans*, une importante étude (7 000 participants) sur le comportement sexuel des adolescents.

«*Exploitation de la souffrance*»

«Tout cela ne justifie nullement que l'on puisse faire n'importe

quoi, comme c'est le cas avec cette campagne», nous a déclaré Jean de Savigny, directeur de l'AFLS. Le Conseil national du sida, autre structure créée par le gouvernement et présidée par Françoise Héritier-Augé, professeur au Collège de France, s'est associé à l'action en justice. L'AFLS et le CNS ont assigné Benetton sur la base de l'article 1382 du code civil pour *«responsabilité du dommage»* causé à autrui en raison de «l'utilisation d'images dégradantes». Ils dénoncent l'utilisation de la symbolique du tatouage, évoquant dans la mémoire collective les pratiques nazies et *«l'exploitation à des fins commerciales de la souffrance et de la maladie, et la violence ainsi faite aux personnes atteintes et à leur entourage».* L'association ARCAT-Sida s'indigne quant à elle de cette campagne de publicité. *«A la vue de ces affiches les personnes concernées ont ressenti un fort sentiment d'angoisse, de terreur, à se voir ainsi identifié à des animaux marqués en route vers l'abattoir ou, plus clairement encore, aux déportés tatoués vivant l'enfer des camps de concentration nazis»*, estime cette association.

«Je pense que la situation française nous donnera les moyens de clarifier notre position. Nous voulons simplement ouvrir la discussion, nous a déclaré Luciano Benetton. *Bien sûr nous aimerions coopérer avec les différentes*

associations engagées dans la lutte contre le sida, mais ce n'est pas toujours possible. Nous avons là une chance de faire avancer nos idées et notre philosophie.»

Sur le fond le problème tient à l'ambiguïté de la «communication» sur le sida. Les circuits traditionnels de l'éducation sanitaire, après avoir nié la réalité de l'épidémie, refusent généralement de prendre en charge cette question, arguant du fait qu'il s'agit là autant de morale que de santé. Ainsi les pouvoirs publics, en France comme ailleurs, ont-ils sous-traité avec les artisans de la publicité pour tenter d'obtenir une modification des comportements sexuels et l'utilisation de préservatifs masculins. A sa manière, Benetton ne fait qu'amplifier cette démarche. S'agit-il ici d'une entreprise permettant de mieux «parler» aux adolescents et, si oui, comment évaluer l'efficacité d'une telle prévention? Le fléau[6] que constitue l'épidémie de sida justifie-t-il une logique du moindre mal et l'usage publicitaire de tels symboles à ce point dangereux?

© *Le Monde*

Notes

1. sida   = AIDS
2. s'affiche   : se montre publiquement
3. tampons   : marque officielle
4. le fond   : le message, par opposition à la forme
5. gracieusement : gratuitement
6. le fléau   : calamité qui s'abat sur un peuple

Exploitation du document

1.   Avez-vous bien compris?

    a.   Quelles sortes de publicités la firme Benetton utilise-t-elle?

    b.   Pourquoi l'agence française de lutte contre le sida a-t elle attaqué la firme Benetton en justice?

    c.   Qui a accepté les affiches de la campagne incriminée et qui les a rejetées? Quels sont leurs arguments?

    d.   Les campagnes publicitaires de Benetton sont-elles purement commerciales?

    e.   Pourquoi l'auteur dit-il que les symboles utilisés par Benetton sont 'dangereux'?

2.   Finissez les phrases ci-dessous en créant vos propres phrases:

    a.   La campagne publicitaire de Benetton est dégradante parce qu'elle...

    b.   L'AFLS s'indigne parce que...et elle cherche à...

    c.   L'attitude de Benetton vis-à-vis du sida est...

    d.   La controverse de l'article est centrée sur...

3.   Faites un résumé oral de l'article qui comprendra les faits (la campagne publicitaire), les différents points de vue et le problème posé par cette controverse.

4.   Traduisez les phrases suivantes en français en utilisant le plus possible le vocabulaire et les expressions du texte:

    a.   Various daily and weekly newspapers have agreed to include Benetton ads but some have refused to take part in their latest advertising campaign.

    b.   Indignant protestations run the risk of fuelling a controversy which is likely to provide free advertising for the Italian firm.

    c.   The present publicity campaign highlights the ways in which AIDS is transmitted and can therefore help in preventing the disease from spreading.

    d.   For the past few days, Benetton have been showing via the press and billboards shocking images of the victims of AIDS.

5.   Pour ou contre?

Organisez un débat dans lequel un(e) étudiant(e) soutiendra la cause de Benetton et un(e) autre celle des associations de lutte contre le sida qui réclament l'arrêt de ces publicités. A l'issue du débat, demandez aux autres étudiants de voter pour la cause qui leur paraît la meilleure.

DOCUMENT SONORE

West FM

West FM est une station de radiodiffusion locale dont le siège se situe au Mans dans le département de la Sarthe. Son directeur d'antenne vous parle.

1. Ecoutez ce document sonore, de préférence sans vous arrêter.

2. Faites une transcription orthographique de trois passages de ce document:

   a. 'Bonjour, mon nom...les plus professionnelles'.
   b. 'Il y a actuellement...de publicité nationale'.
   c. 'Par rapport aux radios...avec les maisons de disques'.

3. Questions de compréhension:

   a. De quand date le phénomène des radios locales en France?
   b. Quelle est la composition des programmes de West FM?
   c. Quelle est la principale ressource des radios commerciales?
   d. Qu'est-ce que c'est que 'le confort d'écoute'?
   e. Avec quels autres médias la station West FM a-t-elle des rapports?

4. Complétez les phrases suivantes:

   a. Le rôle d'un animateur c'est de...
   b. La station West FM est née parce que...
   c. Les problèmes de brouillage étaient dus au fait que...
   d. Le conseil d'administration de West FM est composé de...et son rôle est de...

5. Ce document sonore est présenté sous forme de petites sections séparées par de la musique et des bruitages. Chaque section est la réponse à une question précise posée au directeur d'antenne. Essayez de reconstituer la question pour chacune de ces sections.

6. Vous expliquez à un Français qui n'en a jamais entendu parler ce que c'est que West FM. N'oubliez pas de lui indiquer la fréquence.

VOCABULAIRE

Médias: Les variantes sur le pluriel de medium sont considérables: medias, médias, media, média. On trouve aussi l'expression 'mass media(s)'.

I La presse

presse (f)   *the press, newspapers*
imprimer   *to print*
imprimeur (m)   *printer*
imprimerie (f)   *printing works*
presse à imprimer (f)   *printing press*
caractères (m pl)   *type*
téléimprimeur (m)   *teleprinter*
agence de presse (f)   *press agency*
rédacteur (en chef) (m)   *(chief) editor*
rédaction (f)   *drafting, writing; essay; editorial staff*
(salle de) rédaction (f)   *newspaper offices*
éditeur (m)   *publisher*
publier   *to publish*
reporter (m)   *reporter*
correspondant (m)   *correspondent*
tirage (d'un journal) (m)   *circulation*
diffusion (f)   *circulation*
exemplaire (m)   copy
abonnement (m)   subscription

revue (f)   *review, journal*
périodique (m)   *magazine, review*
magazine (illustré) (m)   *magazine*
quotidien (m)   *daily paper*
hebdomadaire (m)   *weekly paper*
revue mensuelle (f)   *monthly review*
revue trimestrielle (f)   *quarterly*
'feuille de chou' (f)   *'rag'*
coquille (f)   *misprint*
'la une'   *front page*
gros titre (m)   *headline*
manchette (f)   *headline*
éditorial (m)   *editorial*
article de fond (m)   *feature article*
compte-rendu (m)   *report*
rubrique (f)   *column (of a regular contributor)*

petites annonces (f pl)   *classified advertisements*
annonces classées (f pl)   *classified advertisements*
faits divers (m pl)   *news in brief*
bande dessinée/BD (f)   *comic strip*
dessin humoristique (m)   *cartoon*
courrier du cœur (m)   *agony column*
météo (f)   *weather report*
prévisions météorologiques (f pl)   *weather report*
droit de reproduction (m)   *copyright*

II Radio et télévision

radiodiffuser   *to broadcast*
radio (f)   *radio*
transistor (m)   *transistor radio*
poste (m)   *set*
récepteur (m)   *set*
régler   *to tune (in)*
faire marcher   *to switch on*
ouvrir le poste   *to switch on*
fermer le poste   *to switch off*
augmenter le son   *to turn up the volume*
baisser le volume   *to turn down the sound*
bouton (m)   *button, knob*
brancher   *to plug in*
prise (de courant) (f)   *plug, electric point*
prise de terre (f)   *earth*
longueur d'ondes (f)   *wave length*
ondes courtes (f pl)   *short waves*
ondes moyennes (f pl)   *medium waves*
grandes/longues ondes (f pl)   *long waves*
modulation de fréquence/MF (f) *FM*
radio libre (f)   *private radio*
présentateur (m)   *disc jockey*

télévision, télé (f)   *television, TV*
téléviseur, petit écran (m)   *television (set)*
antenne (f)   *aerial*
émetteur (m)   *transmitter*
parasites (m pl)   *interference*
chaîne (f)   *channel*
réalisateur (m)   *producer*
speaker (m)   *announcer*
speakerine (f)   *announcer*

animateur, -trice (m/f)   *compere*
téléspectateur (m)   *viewer*
micro (m)   *mike*
émission (f)   *programme*
nouvelles (f pl)   *news*
actualités (f pl)   *news*
informations (f pl)   *news*
journal télévisé (m)   *news*
revue de presse (f)   *press review*
reportage (m)   *documentary*

documentaire (m)   *documentary*
en direct   *live*
retransmission en direct (f)   *live coverage*
télévision scolaire (f)   *television for schools*
télévision par câble (f)   *cable television*
télévision par satellite (f)   *satellite television*
redevance (f)   *licence fee*
dessin animé (m)   *cartoon film*
publicité (f)   *commercial, advertising*
clip (m)   *short (promotional) video*
feuilleton (m)   *serial*
jeux télévisés (m pl)   *televised games*
indicatif (m)   *signature tune, theme music*
générique (m)   *credits*
indice d'écoute (m)   *popularity rating, audience rating*
vidéo (f)   *video*
magnétoscope (m)   *video-recorder*
magnétophone (m)   *tape recorder*
radiocassette (m)   *radio cassette player*
caméscope (m)   *camcorder*
cassette (f)   *cassette*
bande (f)   *tape*
enregistrer   *to record, to tape*
bruitage (m)   *sound effects*

III La publicité

publicité (f)   *advertising, advertisement*
'pub' (f)   *advertisement*
faire de la publicité pour un produit   *to advertise a product*
agence de publicité (f)   *advertising agency*
publicitaire (m)   *advertising agent, publicist*
annonceur (m)   *advertiser*

annonce publicitaire (f)   *advertising break, advert*
spot publicitaire (m)   *advertising break, advert*
cible (f)   *target*
slogan (m)   *slogan*
logo, logotype (m)   *logo*
affiche (f)   *poster*
campagne publicitaire (f)   *advertising campaign*
lancer une campagne publicitaire   *to launch an advertising campaign*
panneau publicitaire (m)   *hoarding, billboard*
lancer un produit   *to launch a product*
lancement (m) d'un article   *introducing an article*
promotion (f)   *special offer*
réclame (f)   *special offer*

commercialisation (f)   *marketing*
marketing (m)   *marketing*
étude de marchés (f)   *market research*
dépliant publicitaire (m)   *publicity prospectus*
parrainage (m)   *sponsoring*
sponsoring (m)   *sponsoring*
parrainer   *to sponsor*

GRAMMAIRE

Révision

1.   Le subjonctif

Byrne & Churchill, paras 473-506
Ferrar, paras 44-49
Schaum's, p. 181-204

2.   Les conjonctions de subordination

Byrne & Churchill, paras 699-704
Ferrar, para 239
Schaum's, p. 194-196

3.   However, whatever, whoever

Byrne & Churchill, paras 310, 313, 315
Ferrar, Appendix C
Schaum's, p. 198

Exercices

1.   Mettez le verbe à la forme correcte et apportez les modifications nécessaires:

    a.   Je pense qu'il (venir) chercher son journal.
    b.   Il faut qu'il (s'en aller) vite, sinon il (manquer) l'émission.
    c.   Je m'étonne que vous (se poser) encore des questions à ce sujet.
    d.   J'ai bien peur que, sans modulation de fréquence, la qualité (être) mauvaise.
    e.   Je crois que, sur ce point, vous (se tromper).
    f.   Je ne pense pas qu'il (lire) les petites annonces.
    g.   Je crois que la retransmission en direct (être) à huit heures.
    h.   Il est peu probable qu'ils (aller) au championnat, mais il est probable qu'ils le (regarder) à la télévision.

2.   Mettez le verbe à la forme correcte et apportez les modifications nécessaires:

    a.   Ne partez pas avant que le feuilleton (être) terminé.
    b.   Que ce savon (être) en promotion ou non, j'en (prendre) au supermarché pour que nous ne pas (manquer de).
    c.   Il dormait profondément, de sorte que la télévision ne le (réveiller) pas.
    d.   Pendant qu'il (être) à regarder le feuilleton je suis tranquille.
    e.   Après qu'on (avoir) la télévision en couleurs, il est difficile de revenir au noir et blanc.
    f.   Elle écoutait son transistor sans que cela (faire) beaucoup de bruit.
    g.   A peine le produit (lancer) que les ventes ont atteint le million, de sorte que l'entreprise (sauver).

3.   Traduisez en français:

    a.   Whatever happens, it will be in the papers tomorrow.
    b.   Whoever told you that Jack is a disc jockey is a liar.
    c.   His documentary won't win him the award, however excellent it may be.
    d.   Whatever the reason, he didn't win.
    e.   Wherever you go, there are advertisements for cigarettes.
    f.   I offered to rent any video cassette for them, but they weren't interested in anything whatever.

4.   Traduisez en français:

    a.   I hope that he will be here shortly, although he will have missed the beginning of the programme.
    b.   Whoever wrote that article was afraid that the readers might not agree with him.
    c.   However boring it is, you must check your text until it is perfect.
    d.   I am not certain that he speaks the truth, whereas I know she does.

e. Whatever he says, check with the editor unless someone else has already done so.

f. Switch the radio on so that we can hear the weather forecast.

5. Complétez le texte suivant en mettant le verbe à la forme appropriée:

Maintenant que 95% des Français...(avoir) un poste de télé ou plus, la télévision...(devenir) le média publicitaire par excellence. Il est vrai que la pub à la télé...(être apprécié) de tous, que ce...(être) les chaînes de télé, les annonceurs ou les téléspectateurs. Aussitôt que vous...(mettre) le poste en marche, vous êtes assailli par la pub. Il est même légal d'interrompre les films, pourvu qu'il n'y...(avoir) pas plus de deux interruptions par film et à condition que le maximum par heure...(être) inférieur à douze minutes.

Pour qu'un spot publicitaire...(réussir), il faut qu'il...(se traduire) par des ventes accrues. On cherche à ce que la pub...(faire) associer la marque du produit avec des images et des mots-clés. Il est certain que ce...(être) la manière la plus efficace de vendre, à condition toutefois que vous...(avoir) assez d'argent à investir dans ce média.

UTILISEZ VOS CONNAISSANCES

A l'Oral

1. Débat: La mort en direct?

Il y a des accidents où les témoins voient se dérouler devant eux une tragédie sans pouvoir aider les victimes. Parfois les équipes de télévision sont là ou encore des membres du public avec leur caméscope. Le résultat se retrouve sur vos écrans de télévision. Est-ce désirable? Est-ce du voyeurisme? Discutez la question suivante en donnant si possible des exemples:

Peut-on tout montrer à la télévision sous prétexte que le téléspectateur a le droit de tout savoir?

2. Jeu de rôles:

Les étudiants doivent travailler par deux dans cet exercice, l'un étant vendeur dans un magasin de radio-télévision, l'autre acheteur.

L'acheteur veut s'offrir une radio-cassette. Ce qu'il cherche: une bonne qualité de reproduction, la possibilité de copier des cassettes, et, si possible, un compteur. Ce qu'il ne veut pas: une marque japonaise, un appareil trop grand ou trop cher.

Imaginez la conversation depuis le moment où l'acheteur entre dans le magasin jusqu'au moment où il en sort. Vous pouvez ajouter des détails à votre gré.

3. Ecoutez la radio française, par exemple France-Inter (1929m. 164kHz).

   Mise à part la langue, quelles différences remarquez-vous entre les programmes français et ceux de votre pays?

4. Décrivez une campagne publicitaire qui vous semble réussie et essayez d'expliquer son succès.

5. Conversation téléphonique:

   Vous avez trouvé la petite annonce qui suit dans le journal local Pub Hebdo.

   > • VENDS frigo 275L 500F,
   > congélateur 400L 600F,
   > brouette 100F. Tél. 41.36.04

   Comme vous venez d'emménager et que vous avez besoin d'un réfrigérateur, vous téléphonez au numéro indiqué et vous engagez la conversation avec la dame qui vend les objets mentionnés.

   Il ne s'agit pas de traduire le texte anglais mais de vous exprimer au mieux en utilisant les données entre parenthèses.

la dame	— Allô?
vous	— (You are phoning about the advert in Pub Hebdo and you would like to know whether the fridge has been sold.)
la dame	— Non, il est toujours à vendre.
vous	— (You would like to know how big it is.)
la dame	— Pas très grand, à peu près un mètre de haut.
vous	— (You would like to know how old it is and what make.)
la dame	— C'est un Frigidaire et je l'ai acheté il y a huit ans, mais il est en très bon état.
vous	— (You would like to have a look at it.)
la dame	— Mais certainement, c'est au 18 rue des Capucins. Vous êtes...?
vous	— (You give your name and say when you will call round.)
la dame	— J'ai aussi le congélateur de même marque. Ça ne vous intéresserait pas?
vous	— (You don't think so, you don't need one yet.)
la dame	— J'ai aussi une brouette. Elle est vraiment pas chère: 100F, c'est pour rien. Vous savez, c'est très utile.
vous	— (You are polite but firm. Remind the lady of your name and what time you will call.)
la dame	— Bon, eh bien, c'est entendu, à tout à l'heure.
vous	— (You end the conversation.)

A l'Ecrit

1. Traduisez en anglais le document suivant:

Cassette Vidéo KODAK

Merci d'avoir choisi une Cassette Video KODAK. Nous sommes persuadés que vous apprécierez ses capacités d'enregistrement de haute définition ainsi que sa longévité et sa fiabilité lors d'usages répétés.

Afin d'obtenir le plus haut rendement de votre cassette vidéo, nous vous recommandons de suivre ces conseils importants:

1. Cette cassette vidéo doit être utilisée exclusivement sur des magnétoscopes du type VHS.
2. Manipulez la cassette avec soin, et évitez les chocs.
3. Ne manipulez jamais la bande manuellement. N'essayez jamais de démonter la cassette.
4. Insérez la cassette dans le magnétoscope avec l'étiquette en haut (voir croquis A). Avant le premier usage, veillez à ce que la bande soit complètement rembobinée sur la bobine de gauche. Sinon, rembobinez la bande avant d'enregistrer.
5. La bande défilera de gauche à droite puis s'arrêtera. Rembobinez-la complètement après usage.
6. Evitez d'introduire ou de retirer des cassettes qui n'ont pas été totalement réenroulées. Ceci peut provoquer un relâchement de la bande, ce qui l'endom-magerait ou la casserait.
7. L'humidité par condensation peut entraîner une détérioration définitive de la bande. Afin d'éviter ce phénomène, attendez que la bande ait atteint la température ambiante si vous la déplacez d'un local froid vers un local chaud.
8. N'essayez jamais de recoller la bande car cela peut entraîner une détérioration définitive.

AFIN D'EVITER UN EFFACEMENT ACCIDENTEL

Vous pouvez enlever la petite attache en plastique qui se trouve sur la tranche de la cassette (voir croquis B). Ainsi les enregistrements ne pourront plus être effacés. Pour procéder à un nouvel enregistrement effaçant le précédent, placez un morceau de ruban adhésif sur l'orifice, ce qui remplacera l'attache en plastique d'origine.

Précautions pour le rangement

- Rembobinez complètement la bande avant de la retirer.
- Replacez la cassette dans sa boîte et rangez-la dans une position verticale.
- Evitez les endroits poussiéreux ou sales.
- Evitez de ranger la cassette dans un endroit humide car une exposition prolongée à l'humidité peut endommager la bande.
- Evitez aussi l'exposition à la lumière du soleil ou à la chaleur.
- Tenez les cassettes éloignées de divers champs magnétiques (moteurs, transformateurs, aimants, etc).

Kodak est une marque déposée.

---

2. Traduisez en français:

Many forms of communication surround us in our daily lives. Whether we are concerned with the totally visual such as road signs, sign language, advertising hoardings or the more esoteric forms of electronic communication, the pressure of giving or receiving information is almost inescapable except on a desert island.

The Post Office make it their business to convey our spoken or written messages all over the world and the Press spreads information through its network of daily and weekly newspapers.

It is possible, however, that radio and television are the most powerful and popular media ever invented. It is also likely that their importance will increase further with new developments. Television channels have multiplied recently and cable television is available to all provided they are prepared to pay a special charge as well as their normal licence fee.

Radio and television have always been somewhat international in France with the proximity of Luxemburg, Belgium, Switzerland, Germany and Monaco. Now the borders between countries have been further eroded with the introduction of satellite television. Although French viewers can now enjoy a much greater variety of programmes, their choice is still restricted in comparison with the choice offered to Canadian and North-American viewers.

3.   Rédaction dirigée

Mis à part son rôle d'instrument de loisir, la télévision est susceptible de bien d'autres utilisations: enseignement, surveillance (banques, terrains de sports), propagande politique (élections), commerce (publicité), communications, etc. Donnez des exemples et expliquez que, bien sûr, il y a des côtés négatifs mais les avantages l'emportent sur les inconvénients.

400 mots.

4.   Pour ou contre?

a.   La télévision tue le cinéma.
b.   La publicité à la télévision.

Choisissez a. ou b. et analysez le plus objectivement possible les arguments 'pour' et 'contre'. Terminez par une conclusion dans laquelle vous exprimez vos vues personnelles.

250 mots.

5.   En utilisant la lettre ci-dessous comme modèle, écrivez en français à une radio française. Vous expliquerez votre déception que votre programme préféré ait été remplacé par quelque chose de totalement inintéressant et que vous devez maintenant attendre jusqu'à minuit pour l'écouter.

Conflans, le 26 juillet 1994

Radio 5
Boulevard Bruand
75002 - Paris.

Monsieur,

En tant qu'auditrice de vos émissions de l'après-midi, je me permets d'écrire pour exprimer mon mécontentement grandissant. Depuis quelques années, chaque fois que je tourne le bouton de mon transistor, j'ai l'impression d'être branchée sur la BBC ou Radio New-York.

Auriez-vous complètement oublié la chanson française ? Je trouve inadmissible que cet aspect fondamental de notre culture soit ignoré de la sorte et que nos enfants soient abreuvés de musique anglo-saxonne qu'ils ne comprennent même pas. Comment peut-on substituer des musiques «rock» à la poésie d'un Brel ou d'un Brassens ?

D'ici peu la jeunesse française sera incapable de chanter dans sa propre langue.

Veuillez agréer, Monsieur, l'expression de mes sentiments les meilleurs.

A. Bérard

II

LES TRANSPORTS

SNCF: à la recherche du client perdu

Après les ennuis de Socrate,[1] la grogne[2] et la perte de la clientèle, la SNCF veut reconquérir le terrain perdu. Voici comment.

Divine surprise: la SNCF se réveille! A la fuite de sa clientèle elle s'apprête à répondre par la politique de la main tendue. Le président Jacques Fournier brossera, ce mercredi 8, les axes de la «reconquête». Laquelle durera des mois et ne se fera pas sans mal. Tout récemment promu à la tête des grandes lignes, Jacques Berducou se prépare de son côté à recevoir—avec flegme—les représentants des usagers, du personnel et…de nouvelles volées de bois vert![3]

L'objectif est simple: casser le divorce, rétablir le contact, les liens entre la SNCF et les voyageurs. Le cheminement, lui, ne l'est pas. Chaque jour, 1 300 trains de grandes lignes et TGV transportent des dizaines, voire des centaines, de milliers de voyageurs;

chaque jour, 15 000 cheminots sont au contact direct de ces voyageurs. Rien ne se fera sans l'adhésion[4] de tous ces vendeurs, guichetiers, contrôleurs, de tous ces bataillons du terrain qui ne vivent que des clients et—Socrate ou pas—ont parfois du mal à les comprendre. Mais comment en serait-il autrement tant que l'état-major ne l'aura pas lui-même assimilé? Or, aujourd'hui encore, certains—même au sommet—estiment sans fondement la grogne des clients; d'autres se persuadent qu'elle est tout simplement exagérée, voire suscitée par les médias.

A tous ceux-là, une seule réponse: pour la première fois depuis des lustres,[5] la SNCF perd des voyageurs sur ses grandes lignes, y compris TGV. Près de 9% en moins du premier semestre 1992 au premier semestre 1993. Les résultats de juillet vont, hélas, dans le même sens. Certes, la crise économique se profile derrière cette brutale érosion;

l'explique-t-elle entièrement? Le manque à gagner en tout cas s'élève à 947 millions pour le seul premier semestre; 2 milliards en fin d'année! Voilà pour le bilan.

Reste l'image. Un récent sondage prouve que la SNCF se place au dernier rang des services publics quant à l'indice de satisfaction: 49% d'avis favorables au train, contre 58% en 1988. L'institut Ipsos[6] précise que les guichetiers de la SNCF obtiennent la plus mauvaise note. Pas étonnant!

Il était donc urgent de stopper la double hémorragie, quantitative et qualitative. Les cogitations ont commencé en août et vont s'intensifier dans les semaines à venir autour d'un certain nombre de voies. Peu de mesures seront acquises dès mercredi: pas question de donner dans la précipitation et le désordre, ni de court-circuiter les représentants des usagers.

Or, certains de ceux-ci n'y vont pas par quatre chemins.[7]

«La direction de la SNCF possède au plus haut point une culture du conflit, pas du dialogue. Voilà pourquoi nous demandons son départ. Et nous réclamons aussi la suspension de Socrate, la fin du racket des amendes et la suppression de la réservation obligatoire»: Jean-Claude Delarue, président de la Fédération des usagers des transports, exprime au *Point* des positions décidément bien musclées. Plus nuancé, Jean Sivardière, président, lui, de la Fédération nationale des associations d'usagers des transports, n'en réclame pas moins l'assouplissement de la réservation obligatoire et une simplification radicale de l'accès au train: *«A la différence d'un voyage aérien, un voyage ferroviaire doit pouvoir s'improviser. A force de multiplier les difficultés, les règlements compliqués, et aussi les tarifs dissuasifs, la SNCF a fini par se brouiller avec les clients. Socrate est la goutte d'eau qui a fait déborder le vase[8]...Mais je serais très surpris que nous soyons entendus.»*

Au cœur du débat, la réservation obligatoire dans les TGV et certains trains recueille l'hostilité de certaines associations. On voudrait lui tordre le cou. Pourtant, une expérience démarrée fin 1991 sur Paris-Clermont-Ferrand a été abandonnée au printemps 92. Sur cette relation, deux à trois voitures par train étaient affectées à la réservation, les autres étant ouvertes à la clientèle sans réservation. *«Ce fut un magnifique désordre, raconte-t-on à la SNCF; les voyageurs sans réservation s'installaient aux places réservées. Difficile de les en déloger. Les voyageurs plus prévoyants ne décoléraient pas...»* Problème insoluble? Dur, de voir partir des TGV avec des places vides...mais plus dur encore pour les voyageurs de ne plus trouver de place assise! Jacques Berducou va s'atteler à cette quadrature du cercle[9] avec la volonté affichée de ne surtout pas improviser.

Quant à la «tutelle»—le ministère des Transports—elle a, sur tout cela, décidé de ne pas mettre d'huile sur le feu. Jacques Fournier ne sera pas «débarqué» avant son départ à la retraite en mai prochain. Mais, surtout, Bernard Bosson, le ministre incarnant la tutelle,[10] a ouvert le dossier SNCF avec objectivité: *«En niant auprès du voyageur toute augmentation de prix dans le sillage de Socrate, alors même que ce voyageur venait de payer plus cher son billet, on l'a pris pour un imbécile. Il s'en rend compte. Nous avons donc à replacer le client au cœur des préoccupations de la SNCF. Mais on ne le dira jamais assez: le chemin de fer français est celui qui fonctionne le mieux au monde.»*

Voilà qui réchauffera le cœur des cheminots qui n'ont pas démérité, à commencer par tous ces contrôleurs, au rôle si ingrat, dont la patience et la gentillesse ont, dans ces mois «socratiques», limité les dégâts. Mais comment en convaincre les Français sans une communication ad hoc, entièrement repensée?

© *Le Point*

Notes

1. Socrate — Système de réservation et de billetterie introduit en 1993
2. la grogne — : Le mécontentement (familier)
3. des volées de bois vert — : Des coups de bâton (sens figuré)
4. l'adhésion — : L'accord
5. depuis des lustres — : Depuis longtemps (littéraire)
6. l'institut Ipsos — : Institut de sondages
7. n'y vont pas par quatre chemins — : Agissent franchement, sans détours

8. la goutte d'eau... Quelle image utilise-t-on en anglais pour rendre la même idée?

9. la quadrature du cercle : Quelque chose d'impossible

10. la tutelle : Le contrôle

Exploitation du Document

1. Vrai ou faux?

   a. Le système de réservation Socrate est bien accepté par les voyageurs.
   b. les grandes lignes et le TGV perdent des voyageurs.
   c. En tant que service public la SNCF est très populaire.
   d. C'est le système de réservation obligatoire qui irrite le plus les gens.
   e. La direction de la SNCF s'inquiète peu de reconquérir les voyageurs.

2. Avez-vous bien compris?

   a. Quelles sont les relations entre la SNCF et les voyageurs d'après cet article? Justifiez votre réponse.
   b. Comment expliquez-vous que la SNCF perde de l'argent?
   c. Quelles sont les critiques du style de direction à la SNCF?
   d. Pourquoi la réservation obligatoire est-elle un problème pour les voyageurs?
   e. Que pense le public des guichetiers? et des contrôleurs?

3. Sujets de discussion:

   a. A votre avis qui devrait avoir des réductions sur les billets de train et pour quelles raisons?
   b. L'Etat devrait-il financer les transports en commun? Justifiez votre réponse en utilisant des exemples pris dans votre expérience personnelle.

4. Traduisez en anglais les passages suivants:

   a. 'Divine surprise...à les comprendre'.
   b. 'Au coeur du débat...pas improviser'.

5. Traduisez les phrases suivantes en français en utilisant le plus possible le vocabulaire et les expressions du texte:

   a. There is currently no dialogue between SNCF staff and the travelling public. How could it be otherwise given that the managers refuse to listen to the customers?
   b. For the first time for donkey's years, the SNCF is losing money. The loss of revenue is mounting every day and will reach 2,000,000,000 Francs by the end of the year.
   c. Unlike travelling by air, when travelling by train you should be able to organize your trip without pre-booking. However, the rules are very

complicated, the tariffs are prohibitive and the booking system itself is not sufficiently reliable.

6.   Faites un résumé de ce texte en 100 mots.

DOCUMENT ECRIT II

Deux roues contre quatre: vers une guerre civile parisienne?

Le vélo revient à la mode dans la capitale. Une mode risquée. Le pédaleur risque à chaque instant sa vie sur le macadam et sa santé derrière les tuyaux d'échappement. Histoire d'une reconquête...

«Tout bourgeois parisien qui se respecte roule en bagnole. Il voue donc une détestation absolue, viscérale, à l'espèce des pédaleurs. A ces vélos ralentisseurs de trafic et embouteilleurs de ruelles. D'autant que, sur une selle, le cycliste dépasse toujours d'une tête le toit de l'automobiliste. Par-dessus le marché, le placide du guidon flanque la frousse[1] à l'agité du volant!» Ambiance.

Comme André, 28 ans, ils sont des milliers de Parisiens fous furieux à choisir le parti de la bicyclette. Et, sur VTT[2] fluo (tout-terrain, y compris le trottoir) ou noir vélo hollandais, ce sont de vrais toqués[3] de Paris: *«Vous ne pouvez pas vous imaginer le plaisir chaque matin en dévalant la rue de Charonne. Et le soir, la traversée de la Seine au coucher du soleil... Sur un vélo, on peut voir, entendre, humer... Tout ce qui échappe à l'"Homo metropolitanus' ou l'"Homo voiturus' qui vivent confinés dans leurs coquilles métalliques...»*

Pourtant, les embûches[4] ne manquent pas: infrastructures mal adaptées, maréchaussée[5] peu compréhensive, pollution envahissante et voleurs de deux-roues que le meilleur antivol en acier trempé ne dissuade pas. *«Infernal, ces voies dites cyclables coincées entre les bus et les excités du volant! Nous les avons baptisées les couloirs de la mort!»* Les cyclistes sont donc verts de colère. Et d'oxyde de carbone. Depuis peu, ils rejoignent les associations et, régulièrement, ils manifestent bon enfant[6] sur leurs selles. Par centaines.

Le lobby des deux-roues a beau citer les paradis des chambres à air hollandais, anglais ou allemand, il reste minoritaire à Paris. Et la démagogie municipale automaniaque néglige ces pionniers. Non violents bien que trop souvent renversés, estropiés ou cabossés, les pédaleurs plaident donc pour la réforme en petit braquet.[7] *«Pourquoi,* disent leurs représentants, *ne pas développer les pistes cyclables à chaque nouvel aménagement urbain? Aux Champs-Elysées par exemple, où la petite reine[8] est bannie malgré des travaux pharaoniques? Nous sommes moins bien traités que les arbres!»*

Le combat continue. Les vélos se multiplient. Sortent des caves. Ils se vendent à Paris comme des petits pains, et même l'industrie du tourisme mise dessus. Pour Georges Schaller, directeur de l'agence Vélonature qui organise des circuits vélocipédiques très courus dans la capitale, l'avenir est cyclo. Si les intégristes des quatre-roues n'emboutissent pas le futur.

© L'Evénement du Jeudi

Notes

1. flanque la frousse à   : Fait peur à (familier)
2. VTT   : Vélo tout terrain
3. toqués   : Fous (familier)
4. les embûches   : Les difficultés, les pièges
5. la maréchaussée   : La gendarmerie
6. bon enfant   : Gentil, aimable
7. en petit braquet   Terme technique de bicyclette
8. la petite reine   : La bicyclette

Exploitation du Document

1. Avez-vous bien compris?

   a. Quelle est la nouvelle mode en ce qui concerne les transports à Paris et pourquoi?
   b. Pourquoi les automobilistes haïssent-ils les cyclistes?
   c. Quel est le nouveau style de vélo?
   d. Quels sont les inconvénients d'utiliser un vélo à Paris?
   e. Pourquoi les cyclistes manifestent-ils dans les rues de Paris?

2. Etude lexicale

   Faites une liste du vocabulaire relatif à la bicyclette qui se trouve dans ce texte, ainsi qu'une liste du vocabulaire relatif à la voiture.

3. Traduisez les phrases suivantes en français en utilisant le plus possible le vocabulaire et les expressions tirés du texte:

   a. Bicycling is back in fashion in spite of exhaust fumes and the risk of being knocked off by cars.
   b. Whenever the opportunity arises, cyclists demonstrate in their hundreds for the right to have more cycle lanes.
   c. Bikes are selling like hot cakes in Paris and an anti-theft device is essential although it does not guarantee that you will find your bike where you have left it!

4. Qu'en pensez-vous?

   a. Avez-vous une expérience personnelle des transports publics parisiens, de la circulation à Paris ou peut-être des deux? Qu'en pensez-vous?
   b. Que pensez-vous des transports en commun dans votre capitale? Quelles améliorations aimeriez-vous voir?

5.   Discussion: Le transport dans les grandes villes

Quels sont les avantages et les inconvénients de la voiture, de l'autobus, du tramway, de la bicyclette ou même des patins à roulettes comme on en voit dans certaines cités américaines? Où vont vos préférences personnelles?

DOCUMENT SONORE

Ce document sonore se compose de deux extraits: un extrait d'exposé sur le TGV et un passage d'une conversation sur les transports en commun.

Le TGV

1.   Ecoutez ce document sans vous arrêter.

2.   Expliquez pourquoi le TGV est un train différent. Donnez les avantages et les inconvénients de cette forme de transport.

3.   Faites une transcription orthographique du début de ce passage: 'Le TGV ou train…le construit'.

4.   Est-ce que voyager en train est une bonne option dans votre pays? Si la réponse est oui, dites quels sont à votre avis les avantages de ce mode de transport. Si la réponse est non, expliquez pourquoi et dites quel moyen de transport vous préférez.

Les Transports en commun

1.   Ecoutez ce document sans vous arrêter.

2.   Quels sont les arguments de Juliette? Et ceux de Valérie? Avec qui êtes-vous d'accord?

Remarquez que, à un certain moment, Valérie se contredit. Comment?

3.   Faites une transcription orthographique de la première partie de cette conversation: 'Tout le monde me dit…une perte de temps'.

4.   'La voiture ou les transports en commun?'
     a.   Organisez un débat sur ce sujet.
     b.   Quelles sont vos opinions personnelles sur ce problème?
     c.   Ecrivez un rapport sur ce débat (200 mots).

VOCABULAIRE

I Route

ligne d'autobus (f) *bus service*
car (m) *coach, (country) bus*
autobus, bus (m) *bus*
gare routière (f) *bus station*
tramway (m *tram*
trolleybus (m *trolley bus*
receveur (m) *conductor*
conducteur (m) *driver*
arrêt (m) *(bus) stop*
arrêt facultatif *request stop*
couloir (m) *(bus) lane*
(car de) ramassage scolaire (m) *school bus*
station de taxis (f) *taxi rank*
compteur (m) *meter (taxi)*
poids lourd (m) *(heavy) lorry*
camion (m) *lorry*
routier (m) *lorry, lorry driver*
semi-remorque (m) *articulated lorry*

commerciale (f) *estate car*
break (m) *estate car*
familiale (f) *estate car*
conduite intérieure (f) *saloon*
carrosserie (f) *body (car)*
capot (m) *bonnet*
coffre (m) *boot*
roue (f) *wheel*
roue de secours *spare wheel*
pneu (m) *tyre*
volant (m) *steering wheel*
pare-brise (m) *windscreen*
réservoir à essence (m) *petrol tank*
rétroviseur (m) *(driving) mirror*
clignotant (m) *indicator*
boîte de vitesses (f) *gear-box*
point mort (m) *neutral*
plaque d'immatriculation (f) *number plate*
plaque minéralogique *number plate*

embrayage (m) *clutch*
feux de position (m pl) *sidelights*
phare (m) *headlight*
phare code *dipped headlight*
ceinture de sécurité (f) *safety belt*
fiabilité (f) *reliability*
panne (f) *breakdown*
crevaison (f) *puncture*
voiture (f) de dépannage *breakdown lorry*
camion (m) de dépannage *breakdown lorry*

faire le plein *to fill up*
vérifier la pression *to check the pressure*
conduire *to drive*
permis de conduire (m) *driving licence*
carte grise (f) *registration document*
démarrer *to start*
accélérer *to accelerate*
freiner *to brake*
changer de vitesse *to change gear*
passer la quatrième *to change into fourth*
passer la marche arrière *to reverse*
débrayer *to let out the clutch*
embrayer *to let in the clutch*
doubler, dépasser *to overtake*
croiser to *pass*
mettre les phares en code *to dip the lights*
déboucher *to come out of a side street, round a corner*

stationner (vi) *to park*
garer (vt) *to park*
avoir la priorité *to have right of way*
déraper *to skid*
renverser *to knock down*
écraser *to run over*
entrer en collision avec *to collide with*
dépanner *to repair, to tow*

circulation (f) *traffic*
code de la route (m) *highway code*
heure de pointe (f) *peak hour*
embouteillage (m) *traffic jam*
feux de circulation (m pl) *traffic lights*
feux rouges *traffic lights*

motard (m)   *speed cop*
panneau indicateur (m)   *road sign*
panneau de signalisation (m)   *road sign*
agglomération (f)   *built-up area*
rond-point (m)   *roundabout*
sens giratoire   *roundabout*
sens interdit   *no entry*
sens unique   *one way*
priorité (f)   *right of way*
stationnement (m)   *parking*
'stationnement interdit'   *'no parking'*
parking (m)   *car park*
parcmètre (m)   *(parking) meter*
parcomètre (m)   *(parking) meter*
horodateur (m)   *pay and display machine*
'Payez à l'horodateur'   *'pay and display'*
zone piétonne (f)   *pedestrian area*
zone piétonnière   *pedestrian area*
piège radar (m)   *radar trap*
procès-verbal/PV (m)   *fine*
amende (f)   *fine*

autoroute (f)   *motorway*
autoroute à péage   *toll motorway*
péage (m)   *toll*
poste de péage (m)   *tollpoint*
échangeur (m)   *motorway interchange*
bretelle (f)   *sliproad*
boulevard périphérique (m)   *ring road*
rocade (f)   *ring road*
route nationale (f)   *main road*
route départementale   *secondary road*

II Voie ferrée

métro (m)   *underground, tube*
rame (f)   *train*
bouche de métro (f)   *entrance to underground station*
station (f)   *underground station*
portillon (m)   *automatic gate*

ligne de chemin de fer (f)   *railway line*
train de voyageurs (m)   *passenger train*
train de marchandises   *goods train*
train express   *fast train*

train rapide   *express train*
train autos-couchettes   *motorail, car sleeper*
train supplémentaire   *relief train*
train de banlieue   *commuter train*
omnibus (m)   *slow train*
autorail (m)   *diesel train*

locomotive (f)   *engine*
portière (f)   *(carriage) door*
couchette (f)   *berth, couchette*
signal d'alarme (m)   *alarm*
mécanicien (m)   *driver*
contrôleur (m)   *inspector*
chef de train (m)   *guard*
chef de gare   *station master*
cheminot (m)   *railway worker*
roulants (m pl)   *train crews; bus, lorry drivers*
aiguillage (le poste d') (m)   *signal box*
passage à niveau (m)   *level-crossing*
voie (f)   *track, railway line*
rail (m)   *rail*
réseau (m)   *network*
tunnel (m)   *tunnel*
correspondance (f)   *connection*

consigne (f)   *left-luggage*
buffet (de la gare) (m)   *(station) restaurant*
kiosque (à journaux) (m)   *bookstall*
chariot (à bagages) (m)   *(luggage) trolley*
indicateur (des trains) (m)   *(railway) timetable*
guichet (m)   *booking office*
composter   *to date, to punch (a ticket)*[1]
aller simple (m)   *single*
aller et retour (m)   *return*
abonnement (m)   *season ticket*
titre de transport (m)   *ticket*
billet (m)   *ticket*
ticket (m)   *ticket*[2]
ticket de quai   *platform ticket*
carnet de tickets (m)   *book of tickets*

1.   Dans chaque gare française vous verrez des panneaux mis à l'intention des voyageurs: 'Pour valider votre billet, compostez-le'. Vous risquez une forte amende si vous ne tenez pas compte de ce conseil!

2.   Le mot 'billet' est utilisé dans le contexte de la banque, des voyages, du théâtre et du cinéma. L'usage de 'ticket' est plus restreint et s'applique à des cas particuliers, ex: ticket de bus, de métro, de restaurant universitaire.

III Air

avion à réaction (m)   *jet*
vol (m)   *flight*
hélicoptère (m)   *helicopter*
flotte (d'avions) (f)   *(air)fleet*
ligne aérienne (f)   *airline*
aéroport (m)   *airport*
aérodrome (m)   *airfield*
aérogare (f)   *air terminal*
tour de contrôle (f)   *control tower*
aiguilleur du ciel (m)   *air-traffic controller*
piste (f)   *runway*
piste d'envol   *take-off runway*

cabine (f)   *(passenger) cabin*
aile (f)   *wing*
poste de pilotage (m)   *cockpit*
commandes (f pl)   *controls*
train d'atterrissage (m)   *undercarriage*
navigants (m pl)   *aircrew*
personnel navigant (m)   *aircrew*
commandant de bord (m)   *captain*
pilote (m)   *pilot*
copilote (m)   *co-pilot*
radio (m)   *radio operator*
navigateur (m)   *navigator*
hôtesse de l'air (f)   *air stewardess*
décoller   *to take off*
atterrir   *to land*
décollage (m)   *take-off*
atterrissage (m)   *landing*
être aux commandes   *to be at the controls*
survoler   *to fly over*
virer   *to turn*
mur du son (m)   *sound barrier*
franchir le mur du son   *to break the sound barrier*
s'écraser   *to crash*

les lignes aériennes françaises: les aéroports de Paris:
Air France (internationale)   Le Bourget
UTA (internationale)   Orly
Air Inter (intérieure)   Roissy (aéroport Charles de Gaulle)

IV Voies d'eau

docks (m pl) *docks, dockyard*
bassin (m) *dock*
chantier naval (m) pl ch. navals *dockyard*
cargaison (f) *freight, cargo*
fret (m) *freight, cargo*
chenal (m) *channel (in harbour)*
jetée (f) *jetty, pier*
digue (f) *dyke*
quai (m) *wharf, landing-stage*
escale (f) *port of call*
faire escale à *to call in at*
flotte (f) *fleet, navy*
marine (marchande) (f) *(merchant) navy*
mouillage (m) *anchorage*

paquebot (m) *liner*
transatlantique (m) *(transatlantic) liner*
car-ferry (m) *car-ferry*
aéroglisseur (m) *hovercraft*
bac (m) *ferry-boat*
barque (f) *boat*
canot (m) *dinghy*
canot de sauvetage *lifeboat*
navire de guerre (m) *warship*
sous-marin (m) *submarine*
porte-avions (m) *aircraft carrier*
remorqueur (m) *tug*
pétrolier (m) *tanker*
chalutier (m) *trawler*

coque (f) *hull*
pont (m) *deck*
mât (m) *mast*
voile (f) *sail*
aviron (m) *oar*
rame (f) *oar*
pagaie (f) *paddle*

ancre (f)   *anchor*
barre (f)   *rudder*
gouvernail (m)   *tiller*
hélice (f)   *propeller*
gréement (m)   *rigging*
boussole (f)   *compass*
hublot (m)   *port-hole*
quille (f)   *keel*
sillage (m)   *wake, wash*

appareiller   *to sail*
jeter l'ancre   *to anchor*
mouiller   *to anchor*
embarquer   *to embark*
débarquer   *to disembark*
barrer   *to steer*
louvoyer   *to tack*
mettre le cap sur   *to head for*
roulis (m)   *rolling*
tangage (m)   *pitching*
rouler   *to roll*
tanguer   *to pitch*

dériver   *to drift*
aller à la dérive   *to drift*
s'échouer   *to run aground*
faire eau   *to spring a leak*
remorquer   *to tow*
couler   *to sink*
sombrer   *to sink*
chavirer   *to capsize*
naufrage (m)   *(ship)wreck*
faire naufrage   *to be shipwrecked*
épave (f)   *wreck(age)*
renflouer   *to refloat*

GRAMMAIRE

Révision

1.   Comparaison

Byrne & Churchill, paras 155-174
Ferrar, paras 127-133
Schaum's, p. 45-53

2. Temps après 'si'

    Byrne & Churchill, paras 418-422
    Ferrar, para 22
    Schaum's, p. 179-181

3. Un mot, plusieurs sens

    a. Certains noms ont un sens différent suivant leur genre (masculin ou féminin) et leur nombre (singulier ou pluriel).

        Byrne & Churchill, paras 64, 120
        Ferrar, paras 93, 102
        Schaum's, p. 3

    b. Certains adjectifs ont un sens différent suivant leur position (avant ou après le nom).

        Byrne & Churchill, para 146
        Ferrar, para 108
        Schaum's, p. 36-39

Exercices

1. Traduisez en français:

    a. The longest tanker; a less bulky cargo; a most expensive boat; as fast as a jet.
    b. This is the least of my worries.
    c. Would it not be quicker by plane?
    d. The best jobs are not always the best paid.
    e. This flight is the best.
    f. It's better this way.
    g. The weather is much worse.
    h. My memory is bad but yours is even worse.
    i. The surf got worse as we went on.
    j. They are drifting more than they should.
    k. The more I hear the wind in the rigging, the better I like it.
    l. The more the merrier.
    m. The more water you take in, the faster you sink.

2. Traduisez en français:

    a. He can do it if he so wishes.
        He could do it if he so wished.
        He could have done it if he had so wished.
    b. If David is at the controls, they won't crash.
        If David was at the controls, they wouldn't crash.

If David had been at the controls, they wouldn't have crashed.

c. They do not know whether it is safe to land.

d. What would you do if there was a thunderstorm?

e. I would have flown home if I had realized how critical it was.

f. He would be very grateful if you lent him your map.

g. If you hurry, you'll catch the five o'clock train.

h. Should you wish to go to Venice by coach, I would, of course, go with you.

i. The crew would not have done it if the captain had not ordered them to.

3. Mettez le genre et le nombre qui conviennent:

a. Il a été chef de gare toute sa vie et quand il a pris sa retraite il a écrit son/sa/ses mémoire(s).

b. Elle écrit son/sa/ses mémoire(s) sur l'importance des transports publics dans la société.

c. J'ai fait le/la tour de ce vieux village en bicyclette. Il est dominé par un château avec un/une tour.

d. Je me chauffe au/à la poêle de la salle d'attente.

e. Voyager à l'aventure est mon/ma mode de vie préféré(e).

4. Mettez l'adjectif à la bonne place:

a. (ancien) Cette maison est pleine d(e)...meubles...

b. (chic) C'est une...fille...: elle m'a prêté sa voiture.

c. (propre) Je ne peux pas vous aider: j'ai mes...bagages...à transporter.

d. (grand) Le général de Gaulle était un...homme... either.

e. (même) Je vous répète ses...paroles...

f. (nouveau) Hourrah! Le...vin...est arrivé!

g. (seul) Ce compartiment a été réservé pour les...femmes... either.

h. (certain) Au bout d'un...temps...elle est sortie de la cabine.

5. Traduisez en français:

a. If you manage to tow it home, I'll be very grateful.

b. If nobody says it, I shall.

c. This expensive car stereo was given them by their dear uncle Harry.

d. The more they listened to the captain, the more they were convinced that, if the conditions had been better, he would not have gone off-course.

e. Next time, weather permitting.

f. If she had not been so silly, she would now have her own car and it would certainly be as fast as mine.

6. Complétez les phrases suivantes:

    a. Si j'ai assez d'argent pour acheter un VTT...
    b. Elle ne se serait pas perdue si...
    c. Si j'étais pilote de ligne...
    d. Si elle avait mis sa ceinture de sécurité...
    e. Je ferai réviser ma voiture si...
    f. Il aurait pu embarquer pour les Seychelles si...

UTILISEZ VOS CONNAISSANCES

A l'Oral

1. Sujet de discussion:

   Est-il plus dangereux de voyager par bateau ou par avion? Tenez compte dans vos réponses de la technologie, des problèmes politiques, etc.

2. Jeu de rôles:

   Ce travail est à faire par des groupes de deux étudiants, l'un travaillant dans une agence de voyages, l'autre étant client.

   Le client vient chercher des renseignements sur les vols entre Paris et l'île Maurice.
   Eléments de la conversation qui peuvent être utilisés par une personne ou l'autre, sous forme de suggestions ou de questions: prix; réductions pour étudiants; charters; dates; visas; escales; peut-être moins cher en passant par l'île de la Réunion; aller vers l'est et revenir vers l'ouest (ou vice versa).

3. Faites un bref exposé sur l'état actuel des transports dans votre pays (ce qui marche bien, ce qui n'est pas satisfaisant, l'aide de l'Etat, les projets d'avenir).

4. Voici des petites annonces de voitures à vendre. Lisez-les à haute voix et déchiffrez les abréviations. Quelle est la petite annonce qui vous intéresse le plus? Pourquoi?

   Vds Fiat 127 Sport, noire, juil. 93, 58.000 km, boîte 5 vit., alarme + toit ouvrant, attelage, enceintes, 2 pneus, batterie, démarreur neufs, T.B.E., 23.000 F à deb.. Téléphoner au 41.47.38 (après 16 heures).

   • Cause santé vends Citroën CX 2 200 mécanique refaite, bien chaussée, couleur bleue, 1986. Tél. 41.66.68

   • A VENDRE 2cv Citroën pièces détachées ou entière, moteur, boîte de vitesses bon état. Tél. 41.42.54.

Cause chômage vends R14
TS, 92, 70.300 km, grise, glaces électriques, pneus, frein, échappement neufs, T.B.E. Téléphoner au 41.44.04

• VENDS CX Reflex D 92, gris perle, 93 000 km, 1ère main, prix argus. Tél. 41.45.00

• VENDS 2cv, sans moteur, an. 74, prix 2 000F, t.b.ét. Tél. 41.42.32

Note: l'Argus est une publication qui fournit des informations sur la cote des véhicules d'occasion.

5.   Voyage en France

   a.   A l'aide des documents ci-dessous, organisez un voyage dans les conditions suivantes:

   Vous voulez partir de Londres un soir, le plus tard possible, prendre le train-bateau jusqu'à Paris et vous rendre d'abord à Limoges où vous projetez de déjeuner et de passer l'après-midi avec des amis. Vous reprenez le train le même jour pour aller à Bordeaux où l'on vous attend.

   Décrivez votre voyage, vos heures de départ et d'arrivée, sans oublier le changement de gare à Paris. A quelle heure arriverez-vous à Bordeaux?

   b.   A l'aide des mêmes documents, inventez un problème similaire et posez-le aux autres étudiants.

Table 1 (Paris-Austerlitz — Madrid)

(B) X	X	X	X	X	X				X	X	X	X	X	X
6 51	9 00	9 09	14 24	17 50	20 00	22 00	PARIS-AUSTERLITZ*	7 15	8 48	10 33	13 40	16 00	21 38	c 23 23
11 16	13 24	14 00	18 29	22 19	a 0 25		BORDEAUX*		b 4 19	6 00	9 27	11 46	16 53	19 08
12 30	14 40	15 18	19 55	23 30		6 16	DAX*	23 52		4 41	6 52	10 21	15 44	17 57
13 38		16 26	21 13	0 36		7 23	PAU*	22 31			5 44	9 07	14 32	d 16 48
14 27		17 14	22 06	1 19		8 15	TARBES*	21 46		5 00		8 17	13 41	d 16 03
13 03	15 11	15 54	20 30	0 00		6 55	BAYONNE*	23 07		4 08		9 39	14 58	c 17 11
13 45	15 55	16 45	21 15	0 30		7 36	HENDAYE*	22 31				8 57	14 13	c 16 25
21 47	...	...	8 34	10 00	8 55	16 22	*MADRID*-Chamartin		18 46	18 10		22 00	...	8 10

Table 2 (Paris-Austerlitz — Toulouse)

X	X	X	(C) X	TEE	X			X	X	TEE	X	X	X	X
7 41	9 33	13 21	17 02	18 00	22 53		PARIS-AUSTERLITZ*	7 18	f 9 24	18 00	20 24	21 35	23 52	
	a10 34			19 58	0 00		LES AUBRAIS ORLEANS*	6b04		b 17 00		b 20 33		
	11 11		18 33	20 42			VIERZON*			16 21		19 54		
9 30	11 46	15 29	19 09	21 19			CHATEAUROUX*		f 7 28		15 47	18 20	19 20	21 59
10 37	13 08	16 46	20 23	20 51	22 32		LIMOGES*		f 6 15	11 03	14 04	17 06	18 04	20 52
11 38	14 21	18 00	21 27	21 52	23 36		BRIVE*			10 03	13 07	16 01	16 57	19 51
12 40	15 37	19 15	22 33	22 54			CAHORS*			8 59	11 44		15 41	18 49
13 20	16 21	20 01	23 13	23 32		6 32	MONTAUBAN*	23 32		8 21	10 57		15 01	18 11
13 48	16 53	20 33	23 45	23 59		7 03	TOULOUSE*	23 00		7 55	10 27		14 32	17 44

Table 3 (Paris-Austerlitz — Barcelona)

X	X	X	TEE	X					X	X	TEE	X	X	X	X
7 41	9 33	13 21	18 00	21 00	21 26	22 53		PARIS-AUSTERLITZ*	f 6 26	7 48	8 00	13 54	16 00	21 35	23 52
13 48	16 53	20 33	23 59		4 45	7 03		TOULOUSE*	21 43	0 06		7 55	10 27	14 32	17 44
15 28	18 47	22 39	1 34		8 58	8 41		NARBONNE* (A)	19 20	22 03	5 16		8 37	12 46	
17 06	19 41	23 47	...	3 35	7 43	9 35		PERPIGNAN* (A)	18 21	21 16	0 26		7 40	12 02	
22g 17	23 31	...	...	g 8 32	g11 58	15 05		*BARCELONA*-Termino	14 10	g 16 57	g 21 26		7 45	9 58	

Table 4 (Paris-Austerlitz — Montluçon)

X	X	X		X	(D)	X				X	X	X	X	X	X
6 25	9 06	9 33	12 33	17 02	16 17	19 00		PARIS-AUSTERLITZ*	7 33	8 51	9 54	13 27	18 00	20 21	22 32
8 04	10 52	11 11	14 12	18 33	20 03	20 42		VIERZON*	5 27	7 08	8 12	11 45	16 21	18 33	20 50
8 54	11 24		15 03	19 01	20 37	21 32		BOURGES*	4 49	6 38	7 22	11 13	15 39	17 57	19 54
9 54	...	13 00	15 53	20 18	...	22 28		MONTLUÇON*	...	5 05	k 6 37	9 52	14 40	16 43	19 01

(A) Voir aussi tableau PARIS-NÎMES-PERPIGNAN.
(B) Sauf dimanches.
(C) Les vendredis, autre départ 16 h 03 Toulouse, arr. 22 h 58.
(D) Sauf les samedis.
(a) Heure de départ.
(b) Heure d'arrivée.

(c) Horaire retardé les samedis.
(d) Changement à Dax les samedis.
(e) Départ 17 h 45 les samedis (sans supplément).
(f) Horaires modifiés certains jours.
(g) Barcelona Paseo de Gracia.
(j) Barcelona-Sants (via La Tour-de Carol).
(k) Les D.F., départ à 6 h 07.

Numéro du train	306	1100							Numéro du train	404	400	490				
Notes à consulter	1	2							Notes à consulter	3	4	5				

London-Victoria	D	07.50	20.10		London-Victoria	D	09.44	13.58	20.44
Newhaven	A	09.12	21.29		Dover-Western-Docks	A			22.20
Newhaven	D	10.00	22.00		Dover-Western-Docks	D			23.20
Dieppe-Maritime	A	15.00	03.00		Folkestone-Harbour	A	11.25	15.20	
Dieppe-Maritime	D	15.50	04.00		Folkestone-Harbour	D	12.00	16.10	
Rouen-River Droite	A	16.42	04.56		Dunkerque-Maritime	A			02.40
Paris-Saint-Lazare	A	18.07	06.25		Dunkerque-Maritime	D			05.02
					Calais-Maritime	A	14.50	19.00	
					Calais-Maritime	D	15.27	19.32	
					Amiens	A	17.05	21.12	
					Paris-Nord	A	18.20	22.28	08.53

Tous les trains comportent des places assises en 1re et 2e cl. sauf indication contraire dans les notes.

Notes: Service TRAIN + BATEAU via DIEPPE
1. Circule tous les jours. Du 25 IX au 22 X London-V D 08.34, Newhaven A 10.03, Newhaven D 11.00, Corail
2. Circule la nuit du 19 au 20 IV.

Service TRAIN + BATEAU via DUNKERQUE ou CALAIS
3. Circule tous les jours, Les lundis, mardis, mercredis, jeudis et vendredis départ à 09.58 de London-Victoria. Corail.
4. Circule tous les jours. Les samedis et dimanches arrivée à 15.36 à Folkestone- Harbour. Corail.
5. Circule toutes les nuits sauf nuits du 24 au 25 et 26 XII. Les lundis, mardis, mercredis, jeudis et vendredis départ à 20.58 de London-Victoria-Night Ferry.

Table 5 (Quimper — Marseille)

X	X	X	X	X					X	X	X		X	X
...	...	7 10	10 36	d13 17	15 14	18 43	QUIMPER*	...	0 56	6 26	9 57		16 28	19 11
...	b 6 50	c10 26	c14 06	16c36	19 05	22b46	NANTES*	19g45	g 21 52	0g41	5g58		g 13 19	g 15 58
5 09	7 32	11 08	14 46	17 15	19 46	22c34	ANGERS*	18 57	21 09	23 58	5g03		12 36	15 15
6a38	8 34	12 03	15 45	18 14	20f49	6c54	St-PIERRE-des-C.Tours*	17 59	20 04	23 00	3 44	22f17	11 40	14 10
8 03	10 09	13 37	17 18	19 48	...		BOURGES*	16 23	18 37	21 26		20 48	10 06	12 41
9 07	11 13	14 41	18 23	20 53	...		MOULINS*	15 18	17 31	20 22		19 43	9 02	11 37
10 16	12 21	15 49	19 33	22 01	...	5 24	ROANNE*	14 09	16 21	19 12	23 43	18 30	7 53	10 28
11 58	13 53	17 21	21 20	0 06	...	7 39	ST-ÉTIENNE*		15 04	17 35			6 32	8 52
11 30	13 35	17 03	20 49	23 21	...	6 49	LYON-Part-Dieu*	12 54	15 08	17 57	22 13	17 10	6 37	9 12
15 03	17 03	20 22	0 23	...		10 35	MARSEILLE*	9 22	11 43	d14 21	17 39	11 43	0 59	...

Table 6 (Bordeaux — Lyon-Perrache)

	X	X	X	X	(A)				X	X	X	X	X	X
...	6 20	7 45	11 49	15 57	18 13	22 14	BORDEAUX*	7 00	8 55	17 27	13 54	20 30	23 24	
...	8 33	10 53	14 25	18 10	20 45	1 19	LIMOGES*	4 10	6 18		11 43	17 38	20 44	
5 29	10 32		12	20 09		4 00	MONTLUÇON*	1 44		9 48		19 04	23 49	
...		10 02	14 28		20f42		BRIVE*			14 57		18 10		
c 6 15	12 24	13 48	19f09	21 47	...	7 30	CLERMONT-FD*	23 36		9 49	17 54	14 16	17 11	23g18
7 59	12 39	15 27	...	22 18	...	6 53	ROANNE*	22 55			7 36	12 30	16 54	21 35
9 40	14 10	17 21	...	0 06	...	8 47	ST-ÉTIENNE*	20 07			5 50	11 55	15 04	20 07
9 24	14 03	16 54	...	23 43	...	8 30	LYON-Perrache*	21 17			6 12	11 03	15 35	20 08

Table 7 (Bruxelles — Nice)

X	X	X	X	X					X	X	X		X	X
...	...	...	...	...	18 22	19 15	BRUXELLES-Midi	10 00	10 17	...	...		...	...
...	...	...	...	...	20c21	c20 06	LILLE*	g 9 00	9g56	...	...		...	...
...	...	...	...	...		c19 32	CALAIS-Maritime	g 16 40		...	...		...	...
...	...	...	...	...		21 30	AMIENS*	g 3 16		...	...		...	...
...	...	...	...	...	9k00	n 9 00	MONTPELLIER*	m 19 36	19m36	...	...		...	...
...	...	...	...	...	9k47	n 9 47	BÉZIERS*	18m48	18m48	...	...		...	...
...	...	...	...	...	11k06	n11 08	PERPIGNAN*	17n13	17n13	...	...		...	...
...	...	...	...	...	13k01	n13 01	PORT-BOU*	16n29	16n29	...	...		...	...
...	...	...	...	...	8 16	7 46	MARSEILLE*	21 37	21 41	...	...		...	...
...	...	...	...	...	9 08	8 43	TOULON*	20 37	20 42	...	...		...	...
...	...	...	...	...	10 56	16 27	NICE*	18 42	1846	...	...		...	...

(A) Changement à Périgaux: les vendredis (sauf le 11 octobre) et certains jours. (a) Tours. Heure de dép. - (b) Les D.F., 6 h 47. - (c) Heure de dép - (d) Heure départ plus tardive à certaines dates. - (e) Lyon-Perrache.

(f) Tours. - (g) Heure d'arr. - (j) Tours. - Heure d'arr. - (k) Changement de train à Arles. - (m) Changement de train à Avignon. - (n) Heure de départ de Cerbère et changement de train à Avignon.

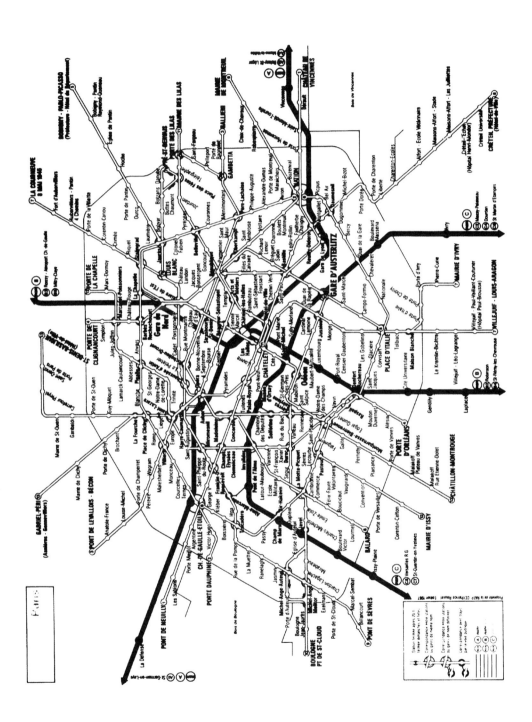

A l'Ecrit

1. Rédaction dirigée

   En utilisant les données ci-dessous, racontez l'histoire avec plus amples détails et trouvez-lui une fin.

   L'automobiliste distrait—Roule sur l'autoroute—Sa femme dort sur la banquette arrière—Il s'arrête faire de l'essence—Pendant qu'il paie, sa femme sort de l'auto—Il repart sans s'en apercevoir—Elle alerte la police—Message à la radio—L'automobiliste a éteint sa radio et roule.

   250 mots

2. Rédaction sur le sujet: Londres - Paris en train?

   Le Tunnel sous la Manche était-il vraiment une nécessité? Etait-ce simplement un geste politique? N'est-ce pas un moyen de voyager dangereux? Analysez les arguments pour et contre le Tunnel et donnez votre opinion personnelle.

3. Traduisez en français:

   Motoring abroad

   Motorists who have already taken their cars on the other side of the Channel will no longer have any anxiety about driving on the 'wrong' side of the road. Even the most hesitant drivers need not worry too much, either, as you soon get used to driving on the right. You should be particularly careful on the continent when you drive away from a restaurant or petrol station.

   Unless you don't mind wasting a lot of pocket money on fines, don't take too many liberties with continental speed limits: not only are there police cars on motorways and motorcycle cops who hunt in pairs, but there are also hidden radar traps. If you exceed the speed limit, you may also be caught by a gendarme when you pay the toll at the end of your stretch of motorway as your ticket will have been time-stamped and he will realize that it has not taken you long enough to get there!

   International motoring rules and road signs are becoming more and more universal every year. Remember that on the continent you give way to traffic on the right except where otherwise advised.

   A final word: wear your seat-belts and don't drink before you take to the road.

4. Traduisez en anglais le document suivant:

CONSIGNES DE SECURITE

Votre sécurité ainsi que celle des autres passagers à bord est notre priorité absolue. C'est pourquoi, nous vous recommandons de lire attentivement les instructions suivantes. De même, nous vous prions de prêter attention à tous les messages faits par haut-parleur dès le départ et pendant la traversée. Ils sont destinés à vous informer et à vous protéger.

A l'embarquement

A bord, nous appliquons les plus hauts standards de sécurité. Le chargement des véhicules est une opération délicate répondant à un plan prédéterminé dépendant de la longueur, largeur, hauteur et poids des véhicules. Nous vous remercions de prendre patience si la file de votre véhicule n'avance pas aussi vite que les autres.

Dès votre arrivée dans le garage, vous êtes sous l'autorité de l'Equipage et nous vous demandons de suivre les instructions données par le personnel de bord. Il est interdit de fumer dans le garage.

Avant de quitter votre véhicule, assurez-vous que vous avez:

• Eteint vos phares et tout équipement électrique, coupé le contact, passé la première et bien serré le frein à main.

• L'accès au pont voitures n'est pas autorisé pendant la traversée. Nous vous recommandons de ne prendre que les bagages à main dont vous pourrez avoir besoin pendant la traversée ainsi que vos objets de valeur. La Compagnie décline toute responsabilité en cas de perte ou de vol. Fermez votre véhicule à clé.

• Nous vous remercions de noter votre numéro et/ou lettre de porte de garage pour vous permettre de retrouver rapidement votre véhicule au moment du débarquement.

Pendant la traversée

• Nous vous remercions de prêter attention aux annonces faites par haut-parleur et particulièrement aux consignes de sécurité données juste après le départ.

• Si les conditions météo sont mauvaises, nous vous recommandons de ne pas sortir sur les ponts promenade.

• La Compagnie n'est pas responsable de la surveillance des mineurs à bord.

• Il est interdit de fumer à bord à l'exception des zones désignées 'Espace fumeurs'. Nous vous remercions de respecter cette législation et de faire attention à vos cendres de cigarettes.

> Les personnes handicapées qui ne se sont pas fait connaître en gare maritime sont priées de le faire auprès du Commissaire de bord, afin d'être prises en charge par le personnel médical.

A l'arrivée

• Nous vous remercions de ne regagner le garage que lorsque vous y serez invité par haut-parleur.

• Attendre le dernier moment pour mettre le moteur en marche, afin de ne pas polluer l'air du garage.

• Pour sortir, suivre les instructions du personnel de bord.

• Les passagers piétons sont priés de rester à bord dans les espaces passagers jusqu'à ce qu'ils soient invités à débarquer par la passerelle.

5. Vous venez d'obtenir un poste d'assistant dans une petite ville des environs de Marseille. Vous n'avez pas de voiture mais vous désirez vous déplacer le plus possible pour visiter le région. Vous écrivez au syndicat d'initiative de Marseille pour demander des renseignements précis. Utilisez une carte du sud de la France et la lettre suivante qui vous servira de modèle.

Jean - Philippe Blancky
1 rue des Anciens Combattants
73 000 Verdun.

Verdun, le 08 juin 1993.

Monsieur,

Ayant récemment obtenu une bourse d'études à Québec, je voudrais avoir quelques renseignements sur cette ville afin d'organiser mon séjour qui durera six mois.

L'université met-elle à la disposition des étudiants étrangers des chambres en cités universitaires? Le cas échéant, devrais-je moi même faire les démarches nécessaires?

N'ayant aucun moyen de locomotion sur place, je voudrais savoir s'il me sera possible de profiter des réductions étudiantes pour les bus et le métro? (votre pays adopte-t-il le même système que celui de la carte orange?)

Je voudrais également profiter de mon séjour pour visiter le Québec. Auriez-vous l'obligeance de m'envoyer une liste des différentes formules de voyages organisés?

Dans l'attente d'une réponse, je vous prie d'agréer, monsieur, l'expression de mes sentiments respectueux.

JP Blanchy...

III

LA SANTE

DOCUMENT ECRIT I

Le coût de la santé

Depuis le début des années 60, les dépenses de santé ont 'explosé' dans la plupart des pays occidentaux: la part de produit national consacrée aux soins est passée en moyenne de 5 à 8% en vingt ans. Et cela, quel que soit le système adopté, libéral[1] ou nationalisé.

Première constatation: à l'intérieur de cette masse considérable de dépenses (286   5
milliards de francs en 1982), les frais d'hospitalisation occupent partout une place croissante et nouvelle. Entre 1962 et 1976, la proportion des 'soins hospitaliers' dans les dépenses de santé est passée de 40 à 60% aux Pays-Bas et en Italie, de 38 à 48% en France.

Cette progression spectaculaire s'explique largement par les profondes transfor-   10
mations qui ont affecté les hôpitaux depuis cinquante ans. Ceux-ci, au départ, gérés et animés par des institutions charitables ou religieuses, reposaient sur l'utilisation de personnel bénévole ou sous-payé. La prise en charge[2] par l'Etat du système hospitalier s'est traduite par le recrutement de travailleurs salariés et protégés par les lois sociales.   15

Tout autant que la transformation des hôpitaux, le perfectionnement des techniques médicales a considérablement accru les dépenses hospitalières. Le scanographe fait maintenant partie du matériel indispensable à tout hôpital moderne. Or un scanner coûte de 6 à 8 millions de francs; un appareil de radiothérapie, de 2 à 9 millions.   20

De même, le recours aux analyses de laboratoire est devenu indispensable à l'élaboration de tout diagnostic. Entre 1971 et 1976, le coût des tests effectués par les hôpitaux américains est passé de 2 à 5 milliards de francs par an, progression bien supérieure à celle du nombre des patients examinés. Bien difficile de faire, ici, la part des progrès, très réels, de l'aide au diagnostic et celle de la volonté du   25
thérapeute, comme du malade, de se sécuriser par les moyens techniques les plus perfectionnés.

L'accroissement des dépenses répond à l'attente pressante d'une population surmédicalisée et vieillissante. Il y a ainsi une spirale sans fin: plus les techniques médicales s'améliorent, plus les gens vivent vieux; plus ils vivent vieux,   30 plus les soins ou l'assistance médicale dont ils ont besoin s'accroissent.

La tendance à la surmédicalisation est, de plus, très forte dans nos sociétés modernes, qui rejettent la souffrance et la mort. Ainsi, la notion de maladie a profondément évolué. Beaucoup de situations, autrefois considérées comme

35 normales, sont perçues aujourd'hui comme pouvant être améliorées. La santé n'est plus définie négativement comme un état libre de toute maladie ou infirmité, mais plutôt comme un stade de 'complet bien-être physique, mental et social', selon la définition proposée par l'Organisation mondiale de la santé (OMS).

40 Enfin, la croissance des dépenses de santé n'aurait pas été possible sans une profonde transformation de leur financement. En effet, la prise en charge par l'Etat, directement ou par l'intermédiaire des organismes d'assurances, crée une double incitation à dépenser:

— incitation, pour les malades, à consommer des biens et services médicaux
45   dont ils ne supportent qu'une faible partie des coûts;
— incitation, pour les hôpitaux et les médecins, à acquérir les matériels les plus sophistiqués et à ordonnancer[3] des médicaments coûteux, quelle qu'en soit l'efficacité prouvée.

Les pays occidentaux ont adopté des systèmes de couverture[4] du risque maladie
50 différents; or, à l'exception du Royaume-Uni, on ne constate pas de réelle maîtrise des dépenses.

Ainsi, les Etats-Unis, fidèles à leur tradition, ont maintenu leur médecine dans un cadre libéral. Seuls les personnes âgées et les pauvres bénéficient d'un système public d'assurances, le reste de la population souscrivant[5] individuelle-
55 ment ou collectivement des contrats privés d'assurances. On estime ainsi à 20 millions le nombre d'Américains qui ne sont couverts par aucune assurance. Pourtant, les dépenses ne croissent pas aux Etats-Unis plus lentement qu'ailleurs.

A l'inverse, la Grande-Bretagne a remarquablement réussi à maîtriser cette
60 évolution. Mais les Français accepteraient-ils un système aussi égalitaire que le service national de santé britannique et les imperfections de son fonctionnement? Le manque de compétition provoque des lenteurs: il faut parfois attendre des mois pour être opéré de la cataracte.

Le problème est particulièrement aigu pour la France, qui a cherché à combiner
65 une médecine de ville libérale et une médecine hospitalière largement publique.[6] Comment ralentir les dépenses sans attenter à la qualité et à la rapidité des soins? La privatisation n'est pas possible au-delà d'un certain seuil, sous peine de créer des injustices sociales inacceptables que l'on s'efforcerait alors de combler par des mesures d'assistance tout aussi onéreuses. La nationalisation totale porte
70 en germe le risque de bureaucratie, de lenteur, voire d'atteinte au libre choix.

Reste, alors, la prévention, souvent évoquée comme un moyen de faire des économies. Outre qu'elle est[7] elle-même onéreuse, l'expérience montre que, si la prévention permet de dépister[8] et de traiter précocement des maladies sans passer par l'hospitalisation qui coûte très cher, elle révèle une demande de soins qui ne se serait peut-être pas exprimée autrement.   75

Une politique de maîtrise des dépenses de santé ne peut ainsi se limiter à la transformation de l'organisation des soins. Dès lors qu'elle cherche à restreindre l'accès aux soins ou leur remboursement, elle pose des problèmes d'ordre éthique. Pour ralentir l'expansion des dépenses de santé, que faut-il supprimer: les soins aux insuffisants[9] cardiaques ou les cures de désintoxication des alcooliques?   80 Devant des choix semblables, c'est, en fait, le contenu de la solidarité sociale qu'il importe de redéfinir.

© *L'Express*

Notes

1. libéral — La médecine libérale est une médecine privée par opposition à la médecine nationalisée qui est publique.
   Les professions libérales:
   Les salariés reçoivent un salaire, les membres des professions libérales reçoivent des honoraires (= fees) payés par leurs clients. A cette catégorie appartiennent les notaires, avocats, architectes, médecins et dentistes.

2. prise en charge — Prendre quelqu'un ou quelque chose en charge: prendre, assumer la responsabilité de qqn ou qqch

3. ordonnancer — Ce verbe vient du mot 'l'ordonnance'. On utilise plus fréquemment le verbe 'prescrire'.

4. couverture — = cover
   Exemple: votre meilleure couverture en cas d'accident est une bonne police d'assurance.

5. souscrivant — Ce verbe se conjugue comme 'écrire'.

6. publique — Voir note 1.

7. outre que — Quel est le sens de cette conjonction?
   Remarquez qu'elle est suivie de l'indicatif.

8. dépister — Ce mot est souvent utilisé dans le contexte médical pour signifier 'détecter' (une maladie). On trouve aussi fréquemment le substantif 'le dépistage' (d'une maladie).

9. insuffisants — Une personne qui souffre d'une insuffisance cardiaque a un mauvais fonctionnement du cœur. Dans les cas extrêmes il y a arrêt du cœur (= heart failure).

Exploitation du Document

1. Avez-vous bien compris?

  a. Quelle a été l'évolution du budget santé des pays occidentaux les trente dernières années?

  b. A quoi peut-on attribuer ce(s) changement(s)?

  c. Quels sont les frais les plus élevés dans le budget santé?

  d. Pourquoi fait-on tant d'analyses de laboratoire?

  e. Quel problème pose une population vieillissante?

  f. Y a-t-il un système de sécurité sociale aux Etats-Unis?

  g. Quel est le point faible du système britannique d'après cet article?

  h. Quelle est la solution suggérée pour éviter les grandes dépenses auxquelles les services de santé doivent faire face?

2. Sujets de discussion:

  a. En vous servant comme exemples des pays que vous connaissez, discutez les avantages de la médecine libérale (privée) et de la médecine publique.

  b. Etant donné un budget santé qui a ses limites, quelles seraient vos priorités? Que mettriez-vous en fin de liste?

3. Traduisez en anglais les passages suivants extraits du document:

  a. 'De même, le recours...besoin s'accroissent' (l. 21-31).

  b. 'Reste, alors...de redéfinir' (l. 71-82).

4. Traduisez les phrases suivantes en essayant de vous rapprocher le plus possible du texte original sans toutefois le consulter:

  a. From the beginning of the 60s, expenditure on health has exploded in the majority of western countries: the proportion of the national product devoted to health care has gone up on average from 5% to 8% in 20 years. And that, whether the system adopted be one of private or nationalized medicine.

  b. This spectacular increase can largely be explained by the profound changes which have affected hospitals in the last fifty years. These latter were originally managed and run by charitable or religious institutions which relied on the use of voluntary and underpaid staff.

  c. On the other hand, Great Britain has succeeded to a remarkable degree in controlling this evolution. But would the French accept a system as egalitarian as the British NHS and the imperfections of its way of operating? The lack of competition leads to delays: sometimes you have to wait months to have a cataract operation.

Vous trouverez la version française de ces phrases aux lignes 1-4, 10-13 et 59-63.

DOCUMENT ECRIT II

Comment utiliser le Samu?

Tout le monde a croisé sur son chemin ces petits camions blancs du Samu qui filent et se faufilent à toute allure en klaxonnant: Pin-Pan-Pin! vers le lieu d'un accident ou vers un hôpital. Chacun de vous sait que le Samu est une organisation de secours rapides mais vous ignorez souvent comment ce service fonctionne, et surtout de quelle façon vous pouvez faciliter le travail des hommes du Samu si, à votre tour, vous êtes le témoin d'un grave accident, chez vous ou ailleurs.

QUAND FAUT-IL APPELER LE SAMU?

Samu signifie: **Service d'aide médicale d'urgence**. En principe, on ne doit recourir à ce service que dans les cas où chaque minute compte pour sauver une personne en danger de mort. Par exemple, pour **cause d'étouffement, d'arrêt cardiaque,[1] d'empoisonnement, d'intoxication, de brûlures, de blessures graves, d'hémorragie, etc**., bref, quand les symptômes de la victime sont très alarmants et qu'il semble qu'il faille agir très vite.

QUEL NUMERO COMPOSER?

En France, quatre-vingts départements sur quatre vingt-quinze ont un Samu ou possèdent un Smur (Service mobile d'urgence et de réanimation) qui dépendent d'un hôpital local alors que le Samu est un organisme départemental possédant une infrastructure lourde.

Bientôt, il suffira de composer le 15 pour obtenir le Samu de son département. Actuellement, **seuls les Samu et les Smur de l'Aube, des Hauts-de-Seine, de la Seine-Saint-Denis, du Calvados, de Rouen et de Troyes peuvent être obtenus par le 15**. Tous les autres, y compris Paris, ont des numéros à six chiffres qui leur sont propres. **Pour les connaître, appelez les renseignements téléphoniques (12), la gendarmerie, la police (17) ou les pompiers (18)**. Il est prudent de garder le numéro de votre Samu à portée de la main.

QUE FAUT-IL DIRE AU TELEPHONE?

Règle impérative: **évitez de faire appeler le Samu par des gens qui n'ont pas vu le blessé**. Le Samu, en effet, ne peut expédier dans la nature, au moindre coup de fil, ses lourdes équipes de réanimation sans avoir procédé, par téléphone, à l'indis-pensable tri médical et à une rapide analyse de la situation. En dépit de l'affolement,[2] **efforcez-vous de garder votre calme et de répondre le mieux possible aux questions que vont vous poser «permanenciers»[3] et «médecins régulateurs» du Samu**. Selon les cas, ceux-ci écartent les plaisantins (il y en a!), renvoient les malades vers les médecins de garde[4] de leur quartier, vers l'hôpital le plus proche, leur expédie au besoin une ambulance, leur donne l'adresse du médecin ou du dentiste de garde, et donnent toujours, même pour les souffrances les plus bénignes, un conseil médical. Vous êtes donc soumis à un questionnaire très élaboré qui peut vous sembler une perte de temps. **Quel est votre nom? Quel est votre numéro de téléphone? L'adresse exacte où se trouve le blessé?** (certaines personnes affolées[2] se contentent de hurler: «Venez vite, il va mourir!», et raccrochent sans même donner leur adresse...). Puis on vous demande **l'âge, le sexe de la victime, ses éventuels antécédents**[5] **médicaux: cardiaque? diabétique? etc., la cause de l'accident, et l'environnement** (très important: la victime est sous un camion d'acide...! ou: il y a une foule de deux cents personnes autour du blessé...!). Les questions concernant la victime se fond plus précises: **respire-t-elle**? (ne pas guetter le souffle, mais observer le creux de l'estomac, pour voir s'il y a des mouvements respiratoires...) **Etouffe-t-elle? suffoque-t-elle? est-elle consciente ou inconsciente? répond-elle quand vous lui parlez?** Quand vous la pincez fortement? (afin d'apprécier la profondeur du coma). **Sentez-vous son pouls?** S'il s'agit d'un brûlé, on vous demandera de **décrire ses brûlures: sont-elles rouges, noires, etc.?** Toutes ces informations sont fichées et permettent de choisir le matériel de secours adéquat et éventuellement de prévoir l'accueil dans un hôpital spécialisé. Votre calme a déjà permis de gagner du temps. Enfin, le médecin régulateur du Samu, vous dira ce qu'il faut faire en attendant l'arrivée des secours.

COMMENT FAIRE GAGNER DU TEMPS AU SAMU?

D'abord, ne lui faites pas perdre de temps en prenant **des initiatives désastreuses: faire boire un blessé, lui administrer des remontants,**[6] **des médicaments...de l'aspirine.** Vous risqueriez seulement de l'achever.

Cependant, quelques règles élémentaires de secourisme peuvent être très utiles: **étendre, couché sur le côté, un comateux en lui tournant la tête (vers vous) afin qu'il ne s'étouffe pas dans ses vomissures; ne pas retourner, la tête en bas, un enfant qui s'étouffe avec un corps étranger**: celui-ci pourrait se bloquer dans la trachée: **ne pas déshabiller un brûlé** mais le couvrir de linge propre afin que ses blessures ne soient pas en contact avec l'air. Il y a surtout un geste qui peut faire gagner des heures précieuses aux sauveteurs: **le bouche à bouche**. Pratiqué aussitôt, il augmente énormément les chances de vie d'un asphyxié. C'est un geste très simple à la portée de tous. Demandez à un médecin ou à un secouriste de vous l'apprendre, vous n'aurez pas perdu votre temps. Enfin, si vous êtes le parfait empoté,[7] comme 99% des gens, courez vous poster,

ou envoyez quelqu'un devant votre porte pour guider les secouristes.

OU VA-T-ON CONDUIRE LE BLESSE?

L'équipe du Samu est sur les lieux de l'accident et commence le travail de réanimation. Elle comporte deux médecins et deux auxiliaires: un chauffeur et un «transmetteur». Par radio-téléphone, le médecin a communiqué l'état du blessé au P.C.[8] du Samu et ce dernier va orienter le camion vers l'hôpital le plus proche où il y a un lit disponible. Vous allez donc savoir où sera dirigé le blessé. Personne n'a le droit de monter dans le camion du Samu. Exceptionnellement, quand il s'agit d'un enfant, certains médecins consentent à prendre à bord un des parents, si celui-ci fait preuve de calme et de sang-froid. Mais cette personne ne sera pas assurée en cas d'accident. Les proches du blessé croient parfois qu'ils doivent sauter dans leur voiture et coller derrière le véhicule du Samu qui file à toute allure, afin d'arriver en même temps que lui à l'hôpital. Cette idiotie risque de causer un accident supplémentaire. Le mieux à faire est de réunir les papiers du blessé, quelques vêtements, et de gagner tranquillement l'hôpital.

© Paris-Match

Notes

1. arrêt cardiaque   Vous appellerez le SAMU dans ce cas, mais pas s'il s'agit d'insuffisance cardiaque.
Voir Document I de ce chapitre, note 9.

2. affolement   : panique
affolées   : prises de panique

3. permanencier   : la personne qui est là en permanence (= on duty)

4. médecin de garde   : le médecin qui est de service le soir ou au week-end (= on call)
Etre de permanence, de garde = to be on call

5. antécédents   : histoire médicale personnelle

6. remontants   = pick-me-up

7. empoté   Mot familier pour 'maladroit'

8. PC   Mot emprunté au vocabulaire militaire. Poste de commandement = headquarters

Exploitation du Document

1. Vrai ou faux?

   a. Le SAMU ne dépend pas d'un hôpital local.
   b. Un permanencier du SAMU vous conseillera même s'il ne vous envoie pas d'ambulance.
   c. Un remontant ne peut pas nuire à un blessé.
   d. Personne n'a jamais le droit de monter dans le camion du SAMU.
   e. On peut appeler le SAMU pour une insuffisance cardiaque.
   f. Pour savoir si quelqu'un respire, il suffit de guetter le souffle.
   g. Il y a quatre personnes par équipe du SAMU.
   h. Il ne faut pas essayer de suivre le SAMU jusqu'à l'hôpital.

2. Résumez en français les avantages du SAMU sur les ambulances ordinaires.

3. Traduisez en anglais les passages suivants du document II:

   a. Dans le paragraphe 'Que faut-il dire au téléphone': 'Règle impérative... conseil médical'.
   b. Paragraphe 'Où va-t-on conduire le blessé' en entier.

4. Traduisez en français en utilisant le plus possible des expressions puisées dans le texte:

   a. Theoretically you should only use the SAMU in cases of emergency, when someone's life is in danger.
   b. Unless you have seen the victim for yourself, you shouldn't phone the SAMU as they will ask you detailed questions.

c.   Whatever you do, don't give the injured person a pick-me-up or any drugs.

d.   If you are utterly useless, you can at least stand by the gate and show the SAMU team the way to the scene of the accident.

e.   Some doctors will accept to take a parent of an injured child in the ambulance but, should there be an accident, that adult will not be covered by insurance.

DOCUMENT SONORE

L'acupuncture

Ce document sonore est extrait d'une conversation avec un médecin. Ayant commencé sa carrière comme généraliste, il s'est dirigé par la suite vers une voie moins traditionnelle qui est celle de l'acupuncture.

1.   Ecoutez ce document sonore une première fois sans vous arrêter. Ecoutez-le une deuxième fois et arrêtez la cassette si nécessaire pour chercher le vocabulaire dans votre dictionnaire.

2.   Répondez aux questions ci-dessous:

a.   Qu'est-ce que l'acupuncture pour les Chinois?

b.   En quoi consiste-t-elle?

c.   En quoi la forme occidentale de l'acupuncture diffère-t-elle de la méthode chinoise?

d.   Que traite-t-on avec ce type de médecine?

e.   Les résultats sont-ils les mêmes qu'avec la médecine traditionnelle?

f.   Que veut dire la phrase 'Un médecin verra toujours dans son cabinet médical les échecs des autres' dans le contexte de ce passage?

3.   Faites un résumé oral du document sonore.

4.   Faites une transcription orthographique du passage suivant situé vers le début du document:

'Parmi ces thérapeutiques...au niveau de points très précis.' N'oubliez pas la ponctuation.

5.   Complétez le texte suivant avec des mots appropriés:

Soignant des patients comme on me l'avait..., j'ai remarqué des...dûs à l'utilisation des... L'acupuncture est une...inventée par...il y a... Elle consiste à...les malades en plantant...dans des endroits précis du..., en particulier dans le...de l'oreille. Les résultats obtenus sur le plan de...sont... Un acupuncteur...peut soigner des maladies qu'un débutant ne saura pas soigner. En France, l'acupuncture n'est pas...par tous les...mais elle...et risque d'être enseignée dans...dans les années à venir.

6.   Quelles questions aimeriez-vous poser à ce docteur?

VOCABULAIRE

I Secourisme

sauveteur (m)   *rescuer, lifesaver*
ambulancier (m)   *ambulance man*
secourisme (m)   *first-aid*
secouriste (m/f)   *first-aid helper*
trousse de premiers soins (f)   *first-aid kit*
trousse de première urgence   *first-aid kit*
brancard (m)   *stretcher*
plaie (f)   *wound*
blessure (f)   *wound*
choc (m)   *shock*
sans connaissance   *unconscious*
réanimation (f)   *resuscitation*
respiration artificielle (f)   *artificial respiration*
bouche-à-bouche (m)   *mouth-to-mouth resuscitation*

II Chez le docteur

visite médicale (f)   *medical examination*
examen médical (m)   *check-up*
soins (médicaux) (m pl)   *(medical) care, treatment*
patient, -e (m/f)   *patient*
malade (m/f)   *patient*
salle d'attente (f)   *waiting-room*
cabinet de consultation (m)   *surgery*
médecin de médecine générale (m)   *general practitioner/GP*
généraliste (m)   *general practitioner/GP*
faire venir le docteur   *to send for the doctor*
ausculter   *to examine*
fiche médicale (f)   *medical record*
ordonnance (f)   *prescription*
diagnostic (m)   *diagnosis*
analyse (de laboratoire) (f)   *test*
piqûre (f)   *injection*

seringue (f)   *syringe*
aiguille (f)   *needle*
vacciner   *to vaccinate, inoculate*
pression sanguine (f)   *blood pressure*
stéthoscope (m   *stethoscope*
pouls (m)   *pulse*
tâter le pouls   *to feel the pulse*
thermomètre (m)   *thermometer*
avoir de la température   *to have a temperature*

insolation (f)   *sunstroke*
coup de soleil (m)   *sunburn*
abcès (m)   *abcess*
ampoule (f)   *blister*
bleu (m)   *bruise*
crampe (f)   *cramp*
point de côté (m)   *stitch*
avoir le vertige   *to feel dizzy*
s'évanouir   *to faint*
prendre froid   *to catch a chill*
refroidissement (m)   *chill*
poumon (m)   *lung*
toux (f)   *cough*
tousser   *to cough*
enroué   *hoarse*
avoir mal à la gorge   *to have a sore throat*
rhume (m)   *cold*
rhume des foins   *hay fever*
grippe (f)   *flu*
angine (f)   *tonsillitis*

appendicite (f)   *appendicitis*
asthme (m)   *asthma*
diabète (m)   *diabetis*
régime (m)   *diet*
dépression nerveuse (f)   *nervous breakdown*
hôpital psychiatrique (m)   *mental hospital*
aliéné   *mad, insane*
asile d'aliénés (m)   *lunatic asylum*
paralysie (f)   *paralysis*
maladie contagieuse (f)   *contagious disease*
microbe (m)   *germ*
oreillons (m pl)   *mumps*
varicelle (f)   *chickenpox*

rougeole (f)   *measles*
variole (f)   *smallpox*
typhoïde (f)   *typhoid*
polio(myélite) (f)   *polio(myelitis)*
tuberculose (f)   *tuberculosis / TB*
lèpre (f)   *leprosy*
peste (f)   *plague*
cancer (m)   *cancer*
SIDA (m) (= Syndrome Immuno-Déficitaire Acquis)   *AIDS*

santé (f)   *health*
en bonne santé   *healthy*
souffrant   *poorly*
douloureux   *painful*
bénin,-igne   *mild, non-malignant*
malin,-igne   *malignant*
se rétablir   *to get better*
rétablissement (m)   *recovery*
guérison (f)   *recovery*
guérir   *to recover*
cicatrice (f)   *scar*
se cicatriser   *to heal*
rechute (f)   *relapse*

III A l'hôpital

centre hospitalier universitaire/CHU (m)   *teaching hospital*
clinique (f)   *private hospital, nursing home*
hospitalisation (f)   *admission to hospital*
hospitalisé, -e (m/f)   *patient (in hospital)*
être hospitalisé   *to be admitted to hospital*
'soins externes' (m pl)   *'out-patients'*
Urgences (f pl)   *Accident and Emergency department*
soins intensifs (m pl)   *intensive care*
service de soins intensifs (m)   *intensive care unit*
service de radiologie (m)   *X-ray unit*
radio(graphie) (f)   *X-ray*
se faire radiographier   *to be X-rayed*
passer une radio   *to be X-rayed*
cardiologie (f)   *cardiology*
cardiologue (m)   *heart specialist*
électrocardiogramme (m)   *electrocardiogram / ECG*
stimulateur cardiaque (m)   *pacemaker*
service de chirurgie (m)   *surgical department*

opération (f)   *operation*
intervention chirurgicale (f)   *operation*
groupe sanguin (m)   *blood group*
faire une prise de sang   *to take a blood sample*
transfusion sanguine (f)   *blood transfusion*
greffe (f)   *transplant*
salle d'hôpital (f)   *ward*
être opéré   *to be operated on*
salle d'opération (f)   *operating theatre*
chirurgien (m)   *surgeon*
bistouri (m)   *scalpel, surgical knife*
anesthésie générale/locale (f)   *general/local anaesthetic*
anesthésié   *under anaesthetic*
bouteille d'oxygène (f)   *oxygen cylinder*
goutte-à-goutte (inv)   *drip*
spécialiste (m/f)   *consultant*
infirmier, -ère (m/f)   *nurse*
sage-femme (f)   *midwife*
médecine préventive (f)   *preventive medicine*
acupuncture (f)   *acupuncture*
chirurgie esthétique (f)   *plastic surgery*

foulure (f)   *sprain*
entorse (f)   *sprain*
plâtre (m)   *plaster*
béquille (f)   *crutch*
fauteuil roulant (m)   *wheelchair*
physiothérapeute (m/f)   *physiotherapist*
kinésithérapeute (m/f)   *physiotherapist*

maison de retraite (f)   *old people's home*
asile (m)   *workhouse*
hospice (m)   *workhouse*
sécurité sociale (f)   *National Health Service*
assistante sociale (f)   *social worker*

IV Chez le dentiste

dentiste (m)   *dentist*
chirurgien-dentiste (m)   *dental surgeon*
fauteuil de dentiste (m)   *dentist's chair*
carie (dentaire) (f)   *(dental) decay*
carié   *decayed*
plombage (m)   *filling*
se faire plomber une dent   *to have a tooth filled*

couronne (f)   *crown*
se faire arracher une dent   *to have a tooth pulled out*
dentier (m)   *denture*
prothèse dentaire (f)   *denture*

V Chez le pharmacien

pharmacien (m)   *chemist*
médicament (m)   *medicine*
remède (m)   *medicine*
cachet (m)   *tablet*
comprimé (m)   *tablet*
pilule (f)   *pill*
gélule (f)   *capsule*
calmant (m)   *tranquillizer*
gouttes (f pl)   *drops*
crème (f)   *cream, ointment*
pommade (f)   *ointment*
antiseptique (m)   *antiseptic*
gaze stérile (f)   *sterile gauze*
pansement (m)   *bandage, dressing*
sparadrap (m)   *sticking plaster, band-aid* (Am)

GRAMMAIRE

Révision

1.   Participes (participe présent, gérondif, participe passé, accord des participes).

Byrne & Churchill, paras 439-471
Ferrar, paras 33-43
Schaum's, p. 133-135, p. 140-151

2.   Verbes irréguliers:

connaître	dire	écrire	faire
lire	mourir	naître	ouvrir

Byrne & Churchill, paras 373, 377
Ferrar, para 12
Schaum's, p. 105-121

Exercices

1. Insérez la préposition 'en' s'il y a lieu:

    a.   Toute la nuit on entendit des avions…ramenant les blessés.
    b.   Je pense que…refusant de voir le docteur elle a tort.
    c.   Elle avait attrapé un rhume…laissant les fenêtres ouvertes.
    d.   …laissant son travail, elle alla à la pharmacie.
    e.   Ils le virent…attendant sur le trottoir.

2. Faites l'accord des participes quand il y a lieu:

    ### Les régimes amaigrissant

    Beaucoup d'entre vous ont essayé un jour ou l'autre de perdre du poids gagné au cours des années. Une fois passé vos vingt premières années, vous vous rendez compte que les kilos s'accumulent sans que vous vous en soyez aperçu. Après avoir passé quelques semaines en France, une de mes amies s'est pesé un jour et a été horrifié de voir qu'elle avait pris quatre kilos. Les choux à la crème avaient été trop tentant et elle s'est rendu compte qu'il fallait agir. Fini les pâtisseries, fini les chocolats, retour à la bicyclette d'exercice car elle ne voulait pas être appelé madame Michelin par des amis peu charitables.

3. Insérez le verbe à la forme appropriée:

    a.   Il regarda de près et (reconnaître) un de ses malades.
    b.   Si vous (dire) la vérité au patient, il réagira mieux.
    c.   Il faut absolument que vous (écrire) cette lettre aujourd'hui.
    d.   Il rentra chez lui, (faire) sa valise et (se diriger) vers l'hôpital.
    e.   Cet article sur le SIDA a l'air intéressant. Je le (lire) tout à l'heure.
    f.   Il (mourir) à l'étranger pendant son service.
    g.   En (naître) certains enfants sont déjà handicapés.
    h.   Des procédés comme la fécondation 'in vitro' (ouvrir) bientôt des possibilités génétiques intéressantes.

4. Traduisez en français:

    a.   During his retirement he read medical journals and wrote his memoirs.
    b.   She did what she could but, whatever she did, she was unsuccessful.
    c.   She was born in Russia and she spent most of her life in France. Now this outstanding woman doctor is dead.
    d.   He experienced poverty but he never said anything until he died.
    e.   You should have told me, so that I could have done something about it.

5.   Traduisez en français:

   a.   While giving him an injection, the nurse was comforting him.
   b.   Heart transplants are only carried out in certain hospitals.
   c.   She wondered whether it was worth taking the child to the surgery.
   d.   In France many chemists are open at night but only for emergencies.
   e.   Read your E111 form before going to France.
   f.   When they were born the twins were very small.
   g.   Her broken leg stopped her dancing but she insisted on watching it all from her wheelchair.

UTILISEZ VOS CONNAISSANCES

A l'Oral

1.   Pas de panique!

   Un grave accident de la route vient d'avoir lieu au carrefour juste à côté de chez vous. Vous êtes une des premières personnes sur les lieux. Au milieu de la panique générale vous gardez la tête froide et vous organisez les secours.

   Qu'allez vous faire (et ne pas faire)?

2.   Lisez le texte suivant extrait d'une brochure intitulée 'How to get medical treatment in other European Community Countries'.

France

Where to Obtain Information & Refunds
IN PARIS: Caisse Primaire d'Assurance Maladie de Paris, Service des relations Internationales, 173-175 rue de Bercy, 75586 Paris Cedex 12. Tel: 43-46-12-53.
OUTSIDE PARIS: local Sickness Insurance Offices (**Caisses Primaires d'Assurance-Maladie**).

Doctors, Dentists & Prescriptions
Ensure that the doctor or dentist you consult is **conventionné**, that is that they work within the French insurance system. After treatment, obtain a signed statement of the treatment given (**feuille de soins**). You cannot claim a refund without it. You will be charged for treatment and prescribed medicines—the amount should be shown on the **feuille**. A chemist will hand back any prescription. Attach it to the **feuille**. Medicine containers carry detachable labels (**vignettes**), showing the name and price of the contents. Stick these in the appropriate place on the **feuille**, and sign and date the form at the end.

Send your application for a refund (the **feuille de soins**, any prescription and Form E111) to the relevant sickness office while you are still in France. The refund will be sent to your home address later. However, before sending the money order, you will receive an itemised statement of the money to be refunded. This may take some time.

Around 70% of standard doctors' and dentists' fees are refunded, and between 35% and 65% of the cost of most prescribed medicines. The cost of common remedies and items such as bandages are refunded at the lower rate. The cost of medicines marked with a △ **vignette** is not recoverable.

Hospital Treatment
You must pay for out-patient treatment and then claim a refund from the local Sickness Office (as above).

For in-patient treatment, the doctor you have consulted or the hospital doctor will issue you with a certificate (**attestation**). The hospital should then send a 'Notice of admission—Acceptance of Responsibility' (**Avis d'admission—prise en charge**) form to the local sickness insurance office along with your E111. If not, you should send it yourself. If you are treated in an approved hospital, the office will pay 75% or more of the cost direct to the hospital. You pay the balance. You may also have to pay a fixed daily hospital charge (**forfait journalier**). The 25% balance and the **forfait journalier** are non-refundable.

Un de vos amis en France est, lui aussi, étranger et votre langue commune est le français. Expliquez-lui ce qu'il doit faire dans les deux cas suivants:

a.   A la pharmacie
b.   A l'hôpital

3.   Sujets de discussion:

a.   Faut-il distribuer gratuitement des seringues aux toxicomanes?
b.   A-t-on le droit d'obliger quelqu'un à suivre une cure de désintoxication?

4.   Discussion en paires:

Un journaliste du *Nouvel Observateur* a écrit récemment que 'Le tabagisme, désormais la première cause de mort prématurée, ferait chaque année 3 millions de victimes dans le monde, dont 2 dans les pays développés. Les projections montrent qu'au rythme de la progression actuelle, le chiffre atteindrait 10 millions en 2025. La calamité frappe de plein fouet les populations les plus riches. 1,2 milliard de bipèdes occupant les régions industrialisées, donc promis à une longue espérance de vie, consomment en moyenne 2,4 kilos de tabac par tête de pipe et par an (fumeurs et non-fumeurs confondus). Un sur six y laissera sa peau, un sur douze avant l'âge de 70 ans, perdant ainsi quelque vingt ans d'existence par rapport aux non-fumeurs. 200 millions de morts: plus que les deux guerres mondiales et le goulag réunis!'

a. Que pensez-vous de ces déclarations?

b. Faites une liste des arguments contre et en faveur du tabagisme.

c. Quelles mesures ont été prises dans votre pays pour ralentir le tabagisme? Vous paraissent-elles justifiées? Faudrait-il aller plus loin? Si oui, comment?

A l'Ecrit

1. Pour ou contre la médecine privée?

   Vous paraît-il normal que l'Etat paye toutes les dépenses de santé pour tous? ou pensez-vous que nous devrions être prévoyants et prendre une assurance privée?

   Groupez d'un côté les avantages de la médecine privée, de l'autre les inconvénients. Lorsque vous aurez fait cela de manière aussi objective que possible, donnez votre conclusion personnelle.

   250 mots

2. Détection ou prévention?

   Prenez un exemple de mesure préventive comme les avertissements imprimés sur les paquets de cigarettes, un exemple de mesure de détection comme l'alcootest (= breathalyser) et considérez le succès respectif de chaque opération. Est-ce le rôle de l'Etat de s'occuper de ces problèmes? Les médias peuvent-ils jouer un rôle? Comment?

   400 mots

3. Lettre

   Lors d'un séjour en France vous avez eu besoin d'aller chez le docteur puis à la pharmacie. Vous avez rempli les papiers nécessaires pour obtenir le remboursement de vos frais. De retour chez vous, vous vous avisez quelques mois plus tard que vous n'avez rien reçu. Vous écrivez à la sécurité sociale pour rappeler les circonstances et dates et pour demander qu'on s'occupe de votre dossier.

   Vous pouvez utiliser la lettre suivante comme modèle:

Mme Mercier
67 Rue Lachardière
69004 - Lyon

Caisse Primaire
de Sécurité Sociale

le 22 juin 1994

Monsieur,

Je me permets de vous écrire pour porter à votre attention le fait que ma lettre du 17 avril dernier adressée à vos services est restée sans réponse.

Je vous ai écrit à cette date pour vous demander de bien vouloir reconsidérer le dossier que j'avais déposé à la caisse et auquel vous aviez donné une réponse négative.

Mes nouvelles circonstances font que je pense maintenant avoir droit à l'allocation que vous m'aviez refusée.

J'espère que vous me communiquerez votre réponse dans les plus brefs délais.

Dans l'attente de votre réponse, je vous prie d'agréer, Monsieur, l'expression de mes sentiments distingués.

B Mercier

Mme B. Mercier.

4.   Traduisez en anglais le texte ci-dessous:

'Loi ou pas loi, seringues en vente libre ou pas, cela ne changera rien pour moi: je n'en vendrai pas!' La campagne de prévention contre le SIDA, décidée par le ministre de la Santé, a ses raisons que les pharmaciens ne partagent pas tous. Et l'humeur était à la grogne, voire au désaveu catégorique, hier, dans les officines parisiennes où nombre de pharmaciens ont accueilli fraîchement cette mesure de mise en ventre libre des seringues qui prend le contrepied de quinze ans de prohibition, censée faire écran à la toxicomanie. Drogue contre SIDA? Des deux maux, ils veulent bien choisir le moindre mais refusent d'essuyer les plâtres d'une vente libre 'anarchique' qui leur pose de sérieux cas de conscience.

Il y a les irréductibles du non, ceux qui se heurtent chaque jour à la drogue, ceux qui refusent chaque jour de vendre des seringues sans ordonnance. Pour cet habitué des 'clients fébriles aux yeux trop brillants', laisser vendre librement les seringues en pharmacie n'est qu'un 'abandon de poste' des autorités publiques concernées. On est très sceptique dans les officines sur le bien-fondé d'une telle libération, jugée neuf fois sur dix comme un 'coup de pouce sans équivoque à la toxicomanie'.

5.   Traduisez en français:

Knowing that when something goes wrong you can turn to your doctor may well give you a false sense of security. Experience shows that the would-be patient must not only be patient, but also persistent and resilient in order to succeed in getting treatment.

Someone who feels really unwell will first of all have to ring the surgery to ask for a home visit. The caller will be encouraged by the receptionist to come to the surgery and, when eventually the point has been conceded, will then be given an appointment a few days later. When the day finally comes the impatient invalid may find it frustrating that appointments are running three-quarters of an hour late, but surveys show that a queueing system is even worse.

Having swapped germs with everyone else in the waiting-room, the still untreated patient at last has his opportunity to see the GP. The next obstacle to be overcome follows when the doctor offers congratulations on apparent good health and has to be forced to listen to an account of the symptoms. Clarity and concision are necessary or the patient will find that a prescription has been written before the problem has been explained.

Medicine, like time, waits for no one.

IV

AU BUREAU

TÉLÉTRAVAIL, l'emploi de demain?

Les employés travailleront-ils bientôt du fin fond de leur campagne, simplement reliés à leur entreprise par un téléphone et un ordinateur? Encore marginal, le télétravail pourrait concerner 200 000 personnes en France à l'horizon de l'an 2000. Une solution au chômage et peut-être aussi un outil d'aménagement du territoire...

Travailler à distance grâce à l'utilisation interactive des outils et réseaux de télécommunication, tel est le défi du télétravail. Mais attention, il n'est pas question ici de travail à domicile[1] comme le font déjà bon nombre de cadres en complément de leur activité traditionnelle. Il s'agit véritablement d'une nouvelle organisation stratégique de la production de l'entreprise. C'est elle en effet qui propose à certains de ses salariés d'alterner régulièrement travail à domicile et au bureau, selon la formule du 'télépendulaire'.[2] Ou bien c'est elle encore qui redéploie ses activités dans un 'télécentre' plus proche du lieu d'habitation de ses employés.

Un nouveau mode d'organisation qui reste encore très marginal en France, même si la tendance est à la hausse (1 000 télétravailleurs en 1988, 16 000 en 1993). L'explication de cette timidité? Longtemps le télétravail a été assimilé au travail à domicile des femmes, à une époque où travailler en centre-ville signifiait plutôt ouverture sur le monde. Les télétravailleurs potentiels redoutaient donc un certain isolement, sans parler de la difficulté, quand on travaille à domicile, de séparer vie professionnelle et vie privée.

Salariés ou indépendants?

Pourtant, la progression des télétravailleurs est frappante (+15 000 entre 1988 et 1993). Bon nombre d'entreprises commencent en effet à s'intéresser à la version la plus aboutie du télétravail: le télépendulaire. Grâce à l'alternance domicile-bureau, cette formule évite la coupure tant redoutée avec l'équipe professionnelle.

Mais la notion de télétravail mûrit aussi dans les esprits. Une récente enquête de la Sofres[3] indique que 54% des personnes interrogées seraient tentées de rester chez elles pour y travailler, mais davantage à temps partiel (31%) qu'à temps complet (23%). Les femmes surtout (58%) s'intéressent à la formule mais aussi les ruraux davantage que les citadins.

Les salariés y seraient aussi sensibles que les travailleurs indépendants, et ce dans tous les secteurs d'activité du secrétariat au consulting, en passant par la programmation informatique...

Tout le monde y gagne!

Les intérêts?[4] Ils sont nombreux. Pour les employés, télétravailler induit de meilleures conditions de travail d'où une plus grande concentration, une productivité accrue d'environ 30% et même une qualité de travail bien supérieure. Mais le télétravail est aussi un élément de confort individuel et collectif, puisqu'il permet de limiter les déplacements. Un point fondamental si l'on sait qu'en région parisienne par exemple, les travailleurs perdent chaque jour 7,5 millions d'heures dans les embouteillages... De leur côté, les entreprises y gagnent en compétitivité et en flexibilité. En élargissant les plages horaires, le télétravail leur permet de mieux gérer les surcharges de travail. Il comprime également les coûts de fonctionnement via la réduction des charges locatives. Bref, tout le monde y gagne. Des sondages effectués auprès des entreprises montrent que celles-ci pourraient économiser 48 000 francs par an et par emploi grâce au télétravail et à la 'délocalisation' d'activités. Extrapolée au niveau de la collectivité tout entière (routes, environnement, immobilier...) l'économie pourrait atteindre 100 000 francs par an et par emploi!

Un enjeu majeur pour l'aménagement du territoire

Un véritable enjeu économique. C'est bien ainsi que la DATAR,[5] maître d'oeuvre de deux appels à projets sur le télétravail, voit les choses. Celle-ci mise sur 200 000 télétravailleurs à l'horizon 2000 et sur 300 000 à 500 000 d'ici 2005. Elle en fait aussi un élément majeur de la politique d'aménagement du territore, pour inverser ce déséquilibre flagrant qui place 80% de la population française sur seulement 20% du territoire. En clair, grâce à des redéploiements d'activités, le télétravail peut aider à revitaliser le monde rural et à lutter contre les saturations urbaines. D'autant que les conditions techniques sont réunies puisque la France dispose d'un réseau de télécommunication très performant. Reste à surmonter les obstacles psychologiques. Le télétravail est une révolution sociale et cette révolution-là prendra du temps...

France Télécom: une semaine sur deux

Au centre de télécommunication de l'écrit de Lyon (CETELY), huit salariés télétravaillent depuis 1987. Ces opérateurs de télégramme alternent une semaine au bureau, une semaine à la maison grâce au matériel mis à leur disposition. '*A l'origine de l'expérience*, explique Nils Kuhn de Chizelle, responsable marketing à la direction commerciale de France Télécom, *nous avons voulu accéder à la demande de certains collaborateurs de mieux concilier vie professionnelle et privée. Certains d'entre eux qui habitent loin de Lyon apprécient d'avoir à se déplacer moins souvent.*'
Résultat? Des salariés mieux dans leur peau,[6] une meilleure qualité de travail et une rentabilité accrue, même si la progression est difficile à chiffrer précisément.
L'expérience de télétravail du CETELY a été la première mise en place par France Télécom. Depuis, l'entreprise (cofinanceur de l'appel à projet lancé par la DATAR) s'est intéressée à bien d'autres cas de figure. Au déploiement d'activités par exemple, avec le service de renseignements téléphoniques, le fameux '12'. Vous appelez de Paris, mais votre interlocuteur lui sera peut-être à Bordeaux. Un moyen de rationaliser les coûts tout en maintenant un service de qualité 24 heures sur 24!

La SNCF s'y met aussi

Depuis deux mois, les appels de renseignement ou de réservation de la gare de Paris Austerlitz sont reçus...dans le bassin de la

Sambre à la frontière belge. Quarante personnes travaillent dans ce nouveau centre de réservation à Aulnoye. A l'origine de ce projet de redéploiement de services parisiens, une forte augmentation du nombre de réservations en partie à cause de l'arrivée du TGV Nord.

Le 'télécentre' d'Aulnoye a offert à des personnes originaires du Nord la possibilité de travailler dans leur région et d'éviter les trajets vers Paris. Parallèlement, il a permis de recycler toute une série d'agents de douane à la suite de l'ouverture des frontières.[7] Ils sont formés au nouveau métier de téléopérateurs sans être obligés de déménager.

Une meilleure qualité de vie pour tous, mais aussi un gain financier pour la SNCF. *'Au-delà d'une productivité accrue, on enregistre des coûts de fonctionnement moindres*, témoigne André Monceaux, responsable de la communication à la Direction régionale de Lille. *Les charges locatives notamment sont inférieures d'au moins 30% par rapport à Paris.'* Sans compter que le télécentre d'Aulnoye induit la création d'emplois de services dans une région où le chemin de fer est de plus en plus sinistré.[8]

Une première expérience de délocalisation des services parisiens qui devrait en susciter d'autres à la SNCF...

© *Boulo*

Notes

1.	à domicile	: à la maison
2.	télépendulaire	: comme un pendule, ce type de travail alterne régulièrement du domicile au bureau. Notez la différence entre le pendule et la pendule.
3.	la Sofres	Un institut de sondages.
4.	les intérêts	: les avantages
5.	la DATAR	Délégation à l'aménagement du territoire et à l'action régionale
6.	être bien dans sa peau	: se sentir à l'aise
7.	l'ouverture des frontières:	il s'agit ici du marché unique en Europe qui est entré en vigueur en janvier 1993
8.	sinistré	: qui a subi des dommages ou pertes

Exploitation du Document

1. Avez-vous bien compris?

   a. En quoi consiste le télétravail?

   b. Comment marche la formule télépendulaire?

   c. A qui le télétravail s'applique-t-il particulièrement? Pourquoi?

   d. Pourquoi le télétravail est-il approprié en région parisienne?

   e. Est-il aussi approprié dans les zones rurales? Pourquoi?

   f. Pourquoi le télétravail est-il présenté comme une révolution sociale?

2.   Faites un résumé oral des avantages du télétravail.

3.   Expliquez la façon dont on utilise le télétravail à France Télécom et à la SNCF.

4.   Traduisez les phrases suivantes en français en utilisant le plus possible du vocabulaire pris dans le texte:

a.   The interactive use of telecommunication networks means that employees will now be able to work from home even if they live in the depth of the country.

b.   This new style of working is not very widespread yet, although it is on the increase in France.

c.   A recent survey shows that the majority of people questioned would be tempted to work from home, particularly if part-time work were involved.

d.   In the Paris region, 7.5 million working hours are lost every day through workers being stuck in trafic jams.

e.   The authorities are seeking to redress the imbalance which exists in the distribution of the French population over the country: 80% French people occupy 20% only of the territory.

f.   The SNCF has organised for enquiries and reservations made in Paris to be dealt with somewhere near Belgium. This has provided work for a number of customs officers who have been redeployed.

DOCUMENT ECRIT II

SECRÉTAIRE:
'jamais sans mon ordinateur'

A l'apparition du traitement de texte il y a 15 ans, un vent de panique a soufflé sur le petit monde des employés de bureau. Chacun prédisait la disparition prochaine des secrétaires. Mais n'est pas Nostradamus qui veut... Aujourd'hui, les ordinateurs n'ont toujours pas réussi à se passer d'opératrices. Alors n'hésitez pas à vous former pour ne pas être dépassée[1] à brève échéance...

Qui a encore peur du grand méchant loup informatique? Pas les employeurs en tout cas, pour qui cet outil s'affiche désormais comme indispensable dans tous les domaines et surtout pour les emplois de bureau. Ainsi, une secrétaire a très peu de chance de nos jours de trouver du travail avec un simple CAP de sténo-dactylo ou même un bac G1. Rares sont les petites annonces où on ne demande pas: maîtrise du traitement de texte, connaissance d'un ou plusieurs logiciels ou bonnes notions d'informatique.

Alors si vous n'avez pas la chance (ou l'âge) de décrocher

un contrat de qualification pour vous mettre à niveau, pas de panique! Il existe de nombreuses façons de se former, quels que soient votre âge et l'état de vos finances.

Définissez vos besoins

Avant tout, définissez vos besoins en fonction du type de poste que vous cherchez et de votre niveau. Personne ne vous demande de devenir une 'bête de l'informatique' du jour au lendemain. Puisque vous savez vous servir d'une machine à écrire, vous ne serez guère dépaysée devant votre clavier d'ordinateur.

Au contraire! Adieu le stress de la faute de frappe qui vous obligeait à tout recommencer: ce que vous tapez s'affiche immédiatement sur écran, ce qui vous permet de remanier et corriger votre document à volonté avant sa sortie sur imprimante. Quel gain de temps, non? Alors, dédramatisez. L'ordinateur est là pour vous aider, vous soulager, vous faciliter le travail, et pas le contraire.

Une vingtaine d'heures suffiront largement pour vous initier aux manipulations de base (fontionnement général, clavier chiffres, recherche et ouverture d'un fichier, manipulation de disquettes, utilisation d'une souris etc...). Ensuite, la pratique fera le reste.

Certains postes administratifs requièrent cependant plus que de simples notions. Là, vous devrez être totalement familiarisée avec le logiciel de traitement de texte (attention, il en existe une ribambelle qui diffèrent en fonction du matériel utilisé), les tableurs, la présentation assistée par ordinateur (PAO). Pour chaque logiciel, la formation dure une journée minimum pour les bases, trois jours maximum pour une parfaite maîtrise de toutes les fonctions.

Les logiciels les plus en vogue

Exit votre vieille Olivetti,[2] bonjour Macintosh! Aujourd'hui, même les machines à écrire les plus perfectionnées sont complètement dépassées.[1] Désormais, ce sont des logiciels qu'on vous demande de maîtriser. Parmi les plus courants: Word, Wordperfect, Excel, Lotus, Works et même XPress (plus compliqué mais nette-ment plus pratique pour présenter des tableaux). On peut apprendre à s'en servir en 20 heures. Vous voyez, la bureautique ce n'est pas la mer à boire.

© Boulo

Notes

1. dépassé   Une personne peut être dépassée (= out of one's depth)
                      Une chose peut être dépassée (= out of date)
2. Olivetti   Marque de machines à écrire très connue en France

Exploitation du Document

1. Expliquez oralement quels sont les avantages du traitement de texte et pourquoi les machines à écrire sont maintenant dépassées.

2. Faites une liste du vocabulaire de ce texte relatif au secrétariat.
   Réutilisez-en au moins la moitié dans un paragraphe de 100 mots expliquant en quoi consiste la formation informatique.

3. Que veut dire la dernière phrase du texte: 'Vous voyez, la bureautique ce n'est pas la mer à boire'? Essayez de la traduire en anglais.

4.   Traduisez le paragraphe suivant en français en utilisant le plus possible du vocabulaire pris dans le texte:

I used to panic totally at the sight of a computer. I never thought I would be able to switch it on, let alone to use it afterwards. I had always managed to avoid all forms of computers, even computer games, until I went to University and one of the lecturers insisted on having essays typed and not handwritten. Panic! Computing services offered not real training but help in starting to use the machines, in understanding the various functions, in using a mouse and in printing the work. I am no longer out of my depth and I am so used to word-processing now that I am contemplating further training in the use of more complicated software so that I can get a job in administration. End of panic!

DOCUMENT SONORE

Le Minitel

Le Minitel fait maintenant partie de la vie de tous les jours en France. Un de ses usagers vous parle de ce nouveau mode de vie et de ce qu'il apporte au public.

1.   Ecoutez la bande sonore en une fois.

2.   Ce document est structuré en quatre rubriques. Prenez des notes en français sur l'essentiel de chacune d'entre elles, sans pour autant écrire des phrases entières.

3.   Faites un résumé oral de ce document en utilisant vos notes. Il ne s'agit pas de les lire mais de vous en servir comme aide-mémoire. Concentrez vos efforts sur le sens général plutôt que sur les détails.

4.   Faites une transcription orthographique du passage:

'Une fois ce service d'annuaire...qui offre le service'.

5.   Finissez les phrases ci-dessous en donnant une information aussi complète que possible:

a.   Les PTT se sont tournés vers la télématique parce que...
b.   Pour utiliser un Minitel il faut absolument avoir...
c.   On peut utiliser son Minitel pour...
d.   On paie le service Minitel...
e.   Le succès du Minitel est immense parce que...

VOCABULAIRE

I Bureau

secrétariat (m)   *secretary's office*
bureau (m)   *office, study, desk*
secrétaire (m/f)   *secretary*
secrétaire de direction   *personal assistant*
sténo, sténographie (f)   *shorthand*
sténo-dactylo (f)   *shorthand-typist*
dactylo(graphe) (f)   *typist*
dactylographier   *to type*
taper (à la machine)   *to type*
clavier (m)   *keyboard*
touche (f)   *key*
frappe (f)   *character*
frappes/minute   *characters per minute, cpm*
faute de frappe (f)   *typing error*
majuscule (f)   *capital*
mise en page (f)   *layout*
marge (f)   *margin*
ruban (m)   *ribbon*
gommer   *to erase*
effacer   *to erase*
machine à écrire (f)   *typewriter*
machine à écrire portative   *portable typewriter*
bloc de sténographie (m)   *shorthand note book*
bloc-notes (m)   *shorthand note book*
papier à en-tête (m)   *headed (note) paper*
rédiger   *to draft*

agenda (de bureau) (m)   *(desk) diary*
stylo à bille (m)   *ball-point pen*
stylo/crayon-feutre (m)   *felt-tip pen*
agrafeuse (f)   *stapler*
agrafe (f)   *staple*
trombone (m)   *paper clip*
dossier (m)   *file*
classeur vertical (m)   *filing cabinet*
copie (f)   *carbon copy*
circulaire (f)   *circular*
formulaire (m)   *form*
facture (f)   *invoice*

coupure de journal (f)   *paper cutting*
mémo (m)   *memo*
fichier (m)   *card index*
fiche (f)   *record card*
classer   *to file*
trier (le courrier)   *to sort*

machine à dicter (f)   *dictating machine*
interphone (m)   *intercom*
écouteur (m)   *earphone*
machine à calculer (f)   *calculator*
calculatrice (f)   *calculator*
photocopieur (m)   *copier*
télex (m)   *telex*
télécopieur (m)   *fax machine*
télécopie (f)   *fax*
ordinateur (m)   *computer*
informatique (f)   *data processing*
informatisation (f)   *computerization*
terminal (m)   *terminal*
traitement de texte (m)   *word processing*
machine à traitment de texte (f)   *word processor*
portable (m)   *laptop*
tableur (m)   *spreadsheet*
écran de visualisation (m)   *visual display unit*
disquette (f)   *floppy disk*
console (f)   *console*
moniteur (m)   *monitor*
curseur (m)   *cursor*
imprimante (f)   *printer*
matériel (m)   *hardware*
logiciel (m)   *software*
programmation (f)   *programming*
programmeur, -euse (m/f)   *programmer*
programmer   *to program*
centre de transmission   *data centre*
centre de données (m)   *data centre*
fichier central (m)   *data centre*
banque de données (f)   *data centre*
saisie de données (f)   *data acquisition*
bureautique (f)   *office automation*

II Poste

Postes, télégraphes et téléphones (m pl)/PTT   *Post Office / Telecom*
receveur (m)   *postmaster*
boîte aux lettres (f)   *letterbox*
courrier (m)   *mail*
poste aérienne (f)   *airmail*
aérogramme (m)   *air letter*
imprimés (m pl)   *printed matter*
tarif normal (m)   *first class (post)*
tarif réduit (m)   *second class (post)*
destinataire (m)   *'to' (addressee)*
expéditeur (m)   *'from' (sender)*
levée (f)   *collection*
faire la levée du courrier   *to collect*
distribution (f)   *delivery*
distribuer   *to deliver*
facteur (m)   *postman*
tournée (du facteur) (f)   *round*
centre de tri (m)   *sorting office*
affranchissement (m)   *postage*
cachet de la poste (m)   *postmark*
affranchir   *to stamp*
recommander   *to register*
cacheter   *to seal*
colis (m)   *parcel*
paquet (m)   *parcel*
par colis postal   *by parcel post*
expédier   *to send*
réexpédier   *to forward*
'faire suivre SVP'   *'please forward'*
remplir (formulaire)   *to fill in*
mandat (m)   *postal order*
accusé de réception (m)   *receipt*
reçu (m)   *receipt*
récépissé (m)   *receipt*
coupon-réponse (m)   *international reply coupon*
guichet (m)   *counter*
caisse d'épargne (f)   *savings bank*
chèque postal (m)   *giro cheque*
compte de chèques postaux (m) /CCP   *giro account*

III Téléphone

cabine téléphonique (f)   *phone-box*
appeler quelqu'un (au tél)   *to ring s.o. up*
passer un coup de téléphone   *to ring s.o. up*
passer un coup de fil   *to ring s.o. up*
avoir le téléphone   *to be on the phone*
abonné (m)   *subscriber*
annuaire (m)   *directory*
ne pas être dans l'annuaire   *to be ex-directory*
composer, faire (un numéro)   *to dial*
indicatif (m)   *code*
tonalité (f)   *dial tone*
combiné (m)   *receiver*
écouteur (m)   *receiver*
décrocher   *to lift (receiver)*
raccrocher   *to put the receiver down*
communication (f)   *phone call*
appel téléphonique (m)   *phone call*
jeton (m)   *token*
ligne (f)   *line*
ligne en dérangement (f)   *faulty line*
central (téléphonique) (m)   *exchange*
standard (m)   *switchboard*
standardiste (m/f)   *switchboard operator*
téléphoniste (m/f)   switchboard operator
poste (m)   *extension*
occupé   *engaged*
appel avec préavis (m)   *personal call*
renseignements (m pl)   *enquiries*
horloge parlante (f)   *speaking clock*
numéro vert (m)   *freefone*
répondeur (m)   *answering machine*

Phrases utiles

Qui est à l'appareil?   *Who is speaking?*
Ne quittez pas, s'il vous plaît.   *Hold on please.*
Puis-je faire une commission?   *Can I take a message?*
Nous avons été coupés.   *We've been cut off.*
Je rappellerai.   *I'll ring back.*
Le téléphone est en dérangement.   *The phone is out of order.*

GRAMMAIRE

Révision

1. Utilisation des temps

   Byrne & Churchill, paras 398-417
   Ferrar, paras 13-21
   Schaum's, p. 95-126, 135-140, 151-179

2. Négation

   Byrne & Churchill, paras 542-580
   Ferrar, paras 248-253
   Schaum's, p. 229-238

3. Verbes irréguliers:

acquérir (requérir),	prendre
s'asseoir	servir
voir (recevoir)	suivre
mettre (admettre, permettre)	tenir (venir, devenir)

   Byrne & Churchill, para 376
   Ferrar, para 12
   Schaum's, p. 107-117

Exercices

1. Mettez les verbes au temps qui convient:

   a. C'est quand il (arriver) qu'il (se rendre compte) qu'il (oublier) pourquoi il (venir).
   b. Aussitôt que vous (s'asseoir), vous (pouvoir) commencer.
   c. Je (s'endormir) quand soudain le téléphone (sonner) et me (réveiller).
   d. Je veux bien qu'elle (se servir) de ma machine à écrire, mais qu'elle (venir) la chercher.
   e. D'après *Le Monde* il y (avoir) hier un grave incendie de forêt et il y (avoir) de nombreux blessés.
   f. Quand vous (vouloir) nous vous (suivre).
   g. Aussitôt que la dactylo (arriver), elle (se mettre) à taper.
   h. Dès qu'il (acquérir) des connaissances en informatique, il (gagner) davantage.
   i. La secrétaire devrait être arrivée depuis une heure; elle (manquer) probablement son bus.

2. Traduisez en français les phrases suivantes:

    a. Send me back this document when you have made a note of the details.

    b. I had taken my jacket off as it was very hot that day.

    c. You told me you would put it in the post last night.

    d. As soon as she got that new machine, she broke it.

    e. What were you doing there? I played with the computer while you weren't watching.

3. Traduisez en français les phrases suivantes:

    a. Neither the secretary nor the typist would type this text.

    b. Nobody should ever take the record cards away.

    c. She hasn't drunk her coffee; he hasn't either.

    d. He never checks his letters or documents.

    e. I will not apologize, nor will I admit that I am wrong.

4. Faites des phrases en français sur les sujets suivants, en utilisant les formes négatives mises en italique.

    a. Ce que vous *n*'aimez *pas*.

    b. Les endroits où vous *ne* voulez *plus* aller.

    c. Ce à quoi vous *ne* consentirez *jamais*.

    d. Les mots que *personne* ne vous a *jamais* dits.

    e. Les attentions que vous *n*'appréciez *guère*.

    f. Ce qui *ne* vaut *rien*.

    g. Le travail que *pas une* secrétaire *n*'acceptera de faire.

    h. Ce que vous *n*'avez trouvé *nulle part*.

5. Traduisez en français:

    a. As soon as she realized that neither of them would answer her, she left the room and slammed the door.

    b. I have acquired a lot of theoretical knowledge which I shall never use (se servir).

    c. I never thought anyone would follow his example.

    d. The rain was coming in through the open window but neither she nor Laura took the trouble to shut it.

    e. After he had taken his raincoat off he helped himself to a cup of coffee and sat down.

    f. By the time you have acquired a photocopier and a word-processor your office will be worth a lot of money.

UTILISEZ VOS CONNAISSANCES

A l'Oral

1. Traduisez rapidement en anglais le document qui suit:

Vous désirez téléphoner...
Utilisez, en vous munissant préalablement de pièces de monnaie, une des 198 000 cabines placées dans les lieux publics ou adressez-vous au guichet téléphone d'un de nos 17 000 bureaux de poste. Si vous appelez à partir de votre hôtel, d'un café ou d'un restaurant, votre facturation risque d'être supérieure à la taxe officielle (maximum 30%).

• **La télécarte**: elle vous permettra de téléphoner sans souci et sans monnaie à partir d'une cabine équipée d'un publiphone à cartes. Ces télécartes de 40 ou 120 unités s'achètent dans les bureaux de poste, guichets SNCF et revendeurs agréés reconnaissables à leur affichette 'Télécarte'.

Tarifs réduits
—du lundi au samedi de 20 h à 10 h pour le Canada et les États-Unis.
de 21 h 30 à 8 h pour Israël.
de 23 h à 9 hr 30 pour le Portugal.
—du lundi au vendredi de 21 h 30 à 8 h et le samedi à partir de 14 h pour les autres pays de la CEE, la Suisse, l'Autriche.
—et pour ces mêmes pays les dimanches et jours fériés français toute la journée.

...télégraphier
Vous pouvez déposer votre texte au guichet d'un bureau de poste, ou le téléphoner depuis votre hôtel.

...recevoir votre courrier
• Votre adresse en France comporte un numéro de code à 5 chiffres: n'oubliez pas de la communiquer à vos correspondants.
• Le courrier adressé en 'poste restante', dans une ville ayant plusieurs bureaux, est, sauf précision, disponible au bureau principal. Le retrait d'une correspondance donne lieu à paiement d'une taxe.
• Pour toute opération de retrait de courrier ou d'argent au guichet, on vous demandera votre passeport ou une pièce d'identité, pensez-y!
• Un courrier parvenu après votre départ peut vous être réexpédié. Renseignez-vous aux guichets.

...expédier vos envois
• **Les timbres-poste**: vous pouvez vous les procurer dans les bureaux de poste (où on vend également des aérogrammes), les bureaux de tabac ou les distributeurs automatiques jaunes disposés sur la façade de certains bureaux de poste.

• **Les boîtes de dépôt des lettres**: vous les trouverez à l'extérieur et à l'intérieur des bureaux de poste et dans les lieux de fort passage du public.

• **Paquets**: les paquets adressés à d'autres pays jusqu'à 1 kg (ou 2 kg au tarif des lettres) acceptés par les bureaux de poste doivent porter extérieurement une étiquette verte de douane. Si vous voulez réaliser un envoi rationnel et pratique, utilisez les emballages préformés mis en vente dans les bureaux de poste.

• **Colis postaux**: ils sont acceptés au bureau de poste principal de chaque localité:
—'Avion' jusqu'à 10 ou 20 kg suivant la destination.
—'Voie de surface' jusqu'à 5 kg et jusqu'à un certain format (au-delà ils peuvent être confiés à la SNCF).

• **Service Posteclair**: national et international à votre disposition dans 400 points réseau PTT, si vous désirez envoyer tout document urgent (plans, graphiques, tableaux, schémas...).

...envoyer ou recevoir de l'argent
Pour le paiement ou l'émission de mandats ou l'échange de 'postchèques', adressez-vous directement au bureau de poste de votre choix.
• Dans les principales villes, vous pouvez changer votre argent dans 170 bureaux de poste signalés par un autocollant 'CHANGE'.
• Si vous êtes porteur d'une carte Visa ou d'une carte de garantie Eurochèque délivrée par votre banque, vous pouvez retirer de l'argent dans un des 780 bureaux de poste signalés par un autocollant CB ou EC.
VISA

2.   Un ami français est venu vous voir et vous lui expliquez dans sa langue comment fonctionnent les téléphones publics de votre pays. Décrivez l'opération en détail.

3.   Traduisez les phrases suivantes en français:

     a.   Could you tell me where the nearest Post Office is?
     b.   I'd like to send this letter recorded delivery.
     c.   Where can I cash this money order?
     d.   I'd like to have my mail forwarded.
     e.   Could you let me have the telephone directory for Nice?
     f.   I need some change, please.
     g.   Can I please have a receipt for both the registered letter and the money order?
     h.   Could I have 20 francs' worth of first class stamps, please?

4.   Vous trouverez ci-dessous le clavier généralement utilisé en France. Expliquez en français quelles sont les différences entre ce clavier et le clavier 'QWERTY' illustré plus bas.

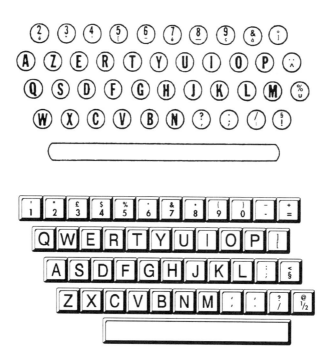

5. Conversation téléphonique

Votre téléphone est en dérangement. Vous allez à une cabine téléphonique pour le signaler au service approprié. Ne traduisez pas littéralement le texte anglais mais exprimez-vous le mieux possible en utilisant les données entre parenthèses.

l'employé	—Allô?
vous	—(You would like to report a fault on your line.)
l'employé	—Oui, quel est votre numéro?
vous	—(You give your number.)
l'employé	—Et qu'est-ce qui ne marche pas?
vous	—(You explain that you are getting lots of calls which are not intended for you and the phone is ringing every five minutes.)
l'employé	—Est-ce que les appels viennent tous du même abonné?
vous	—(No, they are different people and they want different numbers.)
l'employé	—Et depuis combien de temps ça dure?
vous	—(Only a couple of hours but it is driving you frantic and, if they don't do something about it quickly, you will rip the phone off the wall or put it in a bucket of water.)
l'employé	—Ne vous énervez pas! Ça doit être un problème au central. On va s'en occuper. En attendant, décrochez votre téléphone.
vous	—(You end the conversation.)

A l'Ecrit

1. Complétez le texte suivant en choisissant des mots appropriés:

La secrétaire principale achevait sa journée. Le patron l'appela pour lui...une dernière lettre. Elle prit son...et alla prendre la lettre en... Après il faudrait la...à la machine, ...les fautes, demander au patron de la..., en faire une...pour conserver dans le...et l'envoyer le soir même. Il fallait également qu'elle envoie un...aux autres secrétaires pour leur rappeler qu'un cours...leur était offert pour apprendre à...le nouvel ordinateur du bureau. Voyant qu'elle serait en retard, elle essaya de téléphoner chez elle mais le téléphone ne...pas car la...était partie.

2. Ecrivez une rédaction sur le sujet suivant:

Quelles sont les qualités de la parfaite secrétaire?

200 mots

3.   Rédaction:

A votre avis, le personnel de bureau est-il libéré par la technologie ou en est-il esclave? Justifiez votre réponse.

200 mots

4.   Traduisez le texte suivant en français:

Europa College
Bilingual Secretarial Course

Internationally renowned for its bilingual courses, Europa College enables students to continue their language studies as well as master the vocational skills they will need in the world of commerce and industry.

There are excellent opportunities for well-qualified secretaries and personal assistants. Our students have found challenging and exciting jobs in various organizations based abroad or with British companies trading on foreign markets and requiring a thorough knowledge of a foreign language.

Our two-year course includes four months' work experience in an office abroad during the second year. Students spend the first year of the course at college improving their languages and using them in the commercial context while acquiring such skills as shorthand, typing and word-processing as well as a general knowledge of business administration.

By the time students leave the college, they will have acquired a theoretical and practical knowledge of business practice at home and abroad and will have reached a high standard in the many office skills taught on the course. Their fluency in a foreign language will make them all the more valuable in the eyes of prospective employers.

For further details on the curriculum and on entrance requirements, please write to Europa College.

5.   Un client français vous a demandé de lui expliquer ce qu'est le 'Homelink'. Lisez le document ci-dessous et expliquez en un paragraphe ce dont il s'agit et les avantages du système.

HOMELINK

24 HOURS A DAY—7 DAYS A WEEK

Time is precious, in fact it's probably the most valuable thing there is in today's high speed world.

You don't want to waste that precious time by trekking to your bank or building society when you've much better things to do.

Why doesn't someone understand *your* needs and provide expert financial services *where* you want them and *when* you want them?

Well, the good news is that someone does!

HOMELINK, from the Nottingham Building Society, lets you enjoy the convenience of banking and building society services in your own home.

If you've a phone and a TV set you're ready for HOMELINK and you can use it 24 hours a day, 365 days a year, right from the comfort of your armchair!

Pay bills, transfer money, see the exact up-to-the-minute statement of your account on your own TV set at the touch of a button.

By leaving your hard earned cash in an interest bearing account before paying that bill, you'll actually earn more money from HOMELINK!

ABSOLUTE CONTROL—ABSOLUTE CONVENIENCE!

LOOK AT YOUR NOTTINGHAM BUILDING SOCIETY STATEMENT—know the exact cash balance standing to your credit and the full interest you've earned on it right up to date!

LOOK AT YOUR BANK STATEMENT—your special interest bearing current account with Bank of Scotland is part of the Homelink service (if required) complete with cheque book and Visa card!

DIRECT DEBIT ANY OTHER OF YOUR BANK ACCOUNTS and transfer cash to earn interest with 'The Nottingham'!

TRANSFER MONEY between your new bank and building society accounts and see it actually move across!

PAY BILLS INSTANTLY, or arrange for them to be paid automatically sometime in the future!

APPLY FOR A MORTGAGE and see your mortgage statement of account whenever you wish!

APPLY FOR AN ADDITIONAL LOAN and get the money within 48 hours!

MAKE MORTGAGE REPAYMENTS!

SHOP FROM HOME—browse through many on-screen product offers, order by pressing a button and wait for your goods to be delivered to your door!

CHOOSE AND BOOK YOUR HOLIDAY from your own armchair!

BUY AND SELL THROUGH 'CLASSIFIED' ADVERTISING!

DEAL IN STOCKS AND SHARES—Scrimgeour Vickers (Asset Management) Limited, one of the country's biggest stockbrokers, offer you an exclusive on-screen information service and will accept your instructions to buy or sell stocks and shares. You can even transfer cash to meet the next stock market settlement day to cover your account!

HOMELINK, FROM 'THE NOTTINGHAM' offers you all these facilities and many more, just when you want them, in the comfort and privacy of your own home!

HOMELINK WAS CREATED BY NOTTINGHAM BUILDING SOCIETY IN 1983 AS BRITAIN'S FIRST 'ON-SCREEN' HOME BANKING AND BUILDING SOCIETY SERVICE AND IS NOW USED REGULARLY IN THOUSANDS OF HOMES AROUND THE COUNTRY.

V

LE MONDE DU TRAVAIL

HISTOIRE ÉCONOMIQUE
L'aventure du premier hyper

15 juin 1963: ouverture du premier hypermarché Carrefour. La révolution commerciale européenne a commencé en France.

L'hypermarché, qui fait aujourd'hui partie de notre paysage, est né il y a trente ans à peine, à Sainte-Geneviève-des-Bois. Si[1] la réussite de la formule semble rétrospectivement évidente, son lancement a été un modèle d'intuition et d'audace entrepreneuriale: deux familles, les Fournier et les Defforey, y ont investi leur fortune.

Leur rencontre date de 1959. A cette époque, la famille Defforey, grossiste en alimentation à Lagnieu dans l'Ain, emploie 250 personnes, qui ravitaillent 50 succursales et 500 clients de la région Rhône-Alpes. Pour développer leurs affaires et les étendre au bazar, Denis Defforey et son père Louis approchent une centrale d'achat, le Gagmi (Groupement d'achat des grands magasins indépendants). Ils y font la connaissance de Marcel Fournier, 45 ans, célèbre pour son goût du baccara,[2] son action au sein de la Résistance, et son magasin de mercerie-bonneterie à Annecy.

Rapidement, les deux clans décident de créer une affaire commune et de regrouper leurs savoir-faire—l'alimentation et le textile. A l'in-star[3] d'Edouard Leclerc, qui, à cette époque, prêche dans les médias l'avènement de la vente au rabais, Marcel Fournier et Denis Defforey veulent vendre beaucoup à bas prix. Les fondements du discount sont sous-jacents…[4]

DISCOUNT AU SOUS-SOL. Or c'est justement Leclerc, le concurrent de la première heure, qui va précipiter l'aventure Carrefour. Lors d'un débat sur le thème de la vente au rabais, l'épicier de Landerneau défie Marcel Fournier: être le premier à ouvrir un magasin discount à Annecy. Relevant le gant,[5] les Fournier et les Defforey transforment le sous-sol de l'ancestrale mercerie de la rue Vaugelas en épicerie. Le 6 janvier 1960, les 200 mètres carrés de ce premier libre-service à prix discount sont ouverts au public. Tout de suite, c'est un succès. L'expérience est bientôt renouvelée: Carrefour Parmelan est inauguré le 3 juin 1960; Carrefour Cran ouvre ses portes en mai 1963… Chaque fois, les fondateurs appliquent les mêmes principes: des prix bas facilités par une rotation rapide des stocks, le libre-service pour limiter les charges, et la juxtaposition de l'alimentaire et du non-alimentaire. C'est d'ailleurs cette dernière specificité— vendre «tout sous le même toit»—qui distinguera longtemps l'hypermarché français de l'américain.

AMÉRIQUE. Pour perfectionner leur savoir-faire, Marcel Fournier, Denis Defforey et son frère Jacques vont aller aux Etats-Unis suivre des séminaires sur les méthodes modernes de distribution. Ils sont organisés à Dayton par la

National Cash Register, sous l'autorité d'un visionnaire: Bernardo Trujillo. Pour la NCR, il s'agit de convaincre les distributeurs français des vertus du libre-service, afin de mieux leur vendre ensuite les caisses enregistreuses[6] fabriquées par la compagnie. Un bel exemple, avant l'heure, de *trade marketing!*

Grâce aux leçons de Trujillo, les Fournier et Defforey vont revenir riches de nouveaux concepts. Désormais, ils savent qu'il faut installer les magasins à la périphérie des villes et miser sur l'essor de la voiture: «*no parking, no business*». Ils sont convaincus de la nécessité de pratiquer le libre-service et d'«empiler haut pour vendre bas». Ils découvrent que le merchandising est l'avenir du commerce et que les supermarchés doivent offrir une ambiance agréable… Bref, ils sont prêts à tenter l'aventure sur une échelle nationale: Paris est donc la première ville à séduire. Jacques Defforey, dont les relations parisiennes—Pompidou, Bouygues—sont précieuses, est chargé de trouver le site de la première implantation.

A 25 kilomètres au sud de Paris, dans une zone pavillonnaire,[7] les fondateurs de Carrefour font construire un parking de 450 places et un grand bâtiment dénudé: le magasin Carrefour de Sainte-Geneviève-des-Bois. 2 300 mètres carrés de surface de vente; des rayons[8] d'épicerie entre la bonneterie et le bazar; des prix inférieurs de 15 à 20% à la moyenne… Pour les petits commerçants de la banlieue sud, une telle «ineptie» court à l'échec. Comment ce magasin va-t-il remplir son parking? Comment les prix seront-ils maintenus aussi bas? Le 15 juin 1963, le premier hypermarché de France est inauguré dans le scepticisme général.

SUCCÈS IMMÉDIAT. Pourtant, dès les premiers jours, le succès est total. Chaque semaine, 26 000 clients viennent en voiture, de 15 kilomètres à la ronde, acheter leur alimentation, leurs vêtements, des articles de bazar… L'essence vendue sur le parking à prix discount (5 centimes de moins que le prix officiel) crée l'événement. En deux ans, Carrefour Sainte-Geneviève-des-Bois réalise un chiffre d'affaires[9] de 65 millions de francs, sept fois plus qu'un magasin populaire au centre de Paris. En trois ans, il est complètement amorti.[10] Pour les deux familles fondatrices, le premier pari est gagné. Il leur ouvre la voie vers une rapide expansion nationale, puis internationale, après la loi Royer de 1973. L'hypermarché est né, marquant le déclin du petit commerce. Pour les fabricants et les consommateurs, une nouvelle ère commence.

© *L'Expansion*

Notes

1.	si	'si' n'implique pas automatiquement une condition. Quel est le sens ici?
2.	baccara	Jeu de cartes
3.	à l'instar de	: en suivant l'exemple de
4.	sous-jacent	: qui est situé au dessous
5.	relever le gant	: relever le défi, accepter le combat
6.	caisse enregistreuse	= cash register
7.	zone pavillonnaire	: zone où il y a surtout des pavillons de banlieue, c'est-à-dire des petites maisons avec jardin
8.	rayons	: comptoirs, départements.
9.	chiffre d'affaires	: total des ventes effectuées pendant une période déterminée
10.	amorti	Le magasin est amorti si l'investissement initial est récupéré.

Exploitation du Document

1. Avez-vous bien compris?

    a. Quel a été le premier hypermarché français et quand s'est-il ouvert?
    b. Quels sont les principes de base des hypermarchés?
    c. Qu'est-ce que les fondateurs de cet hypermarché ont appris aux Etats-Unis?
    d. Quelle a été l'attitude des petits commerçants à l'ouverture de l'hypermarché?
    e. Qu'est-ce que les clients vont apprécier particulièrement à l'hypermarché?
    f. Quelle sera la conséquence du développement des hypermarchés?

2. Etude lexicale

    Le verbe 'réaliser' a des sens multiples selon le contexte dans lequel il est utilisé. Cherchez le sens de ce verbe dans les expressions suivantes que vous traduirez, puis utilisez chacune d'entre elles dans des phrases de votre invention.

    a. réaliser un chiffre d'affaires (voir note 9)
    b. réaliser une oeuvre d'art
    c. réaliser le danger
    d. réaliser un film
    e. réaliser des actions
    f. réaliser une ambition

3. Les points de vente en France

    Différents points de vente sont mentionnés dans le passage. D'autres ont été ajoutés à la liste suivante:

    > Hypermarché, centrale d'achat, magasin, libre-service,
    > boutique, grand magasin, supermarché, grande surface.

    En vous aidant de votre dictionnaire, essayez de différencier ces points de vente par leur nature et leur taille.

4. Rédaction

    Ecrivez un paragraphe (150 mots) sur le sujet suivant:

    > A quoi est dû le succès des hypermarchés?

5. Traduisez les phrases suivantes en utilisant le plus possible le vocabulaire du texte:

   a. Following the example of Edouard Leclerc they tried to sell a lot at a low price; they also cut down their overheads by introducing self-service.
   b. After they had attended seminars on new methods of distribution in the United States, the three men came back to France with lots of new ideas.
   c. They banked on the rise of the motorcar and consequently set up their hypermarkets in the outskirts of towns so that there could be plenty of parking for the shoppers.
   d. It was a revolution: prices were 20% below the average and within two years the hypermarket had achieved a huge turnover.

DOCUMENT ECRIT II

La croissance revenue, les conflits sociaux germent

En baisse constante depuis des années, les conflits salariaux connaissent aujourd'hui en France une flambée sensible. Les salariés, qui constatent un redémarrage de la production dans beaucoup d'entreprises, veulent récupérer l'argent perdu pour cause de récession.

VOILA BIEN LONGTEMPS qu'on n'avait pas vu semblables conflits sociaux. Sans crier gare, la semaine dernière, les 550 salariés de l'usine «modèle» de Péchiney, à Dunkerque, se sont mis en grève pour obtenir une augmentation de 1 000 francs par mois. Un peu avant, les journalistes de Radio France avaient exhibé leurs feuilles de paie à la télévision. Puis Gec-Alsthom à Belfort (matériel ferroviaire) débrayait. Comme Martell, à Cognac. Et la Sochata, filiale de la Snecma (aéronautique) à Châtellerault. Toujours pour la même raison.

A qui le tour, maintenant? Ces mouvements vont-ils faire tache d'huile? Ce serait un retournement de situation: le nombre de conflits sociaux est en effet en baisse constante depuis des années, et les rares grèves des années de récession avaient presque toutes pour objet de sauver des emplois.

Du côté de FO[1] et de la CGT,[1] on observe ces «frémissements» avec une évidente satisfaction. Cela fait un moment que les deux organisations tentent de faire remonter la pression sur les rémunérations.

Les entreprises sortent du rouge. Sur le terrain, la question des salaires est d'autant plus sensible que le personnel, dans beaucoup d'entreprises, constate un redémarrage de la production. Et, après des années de vaches maigres, de plus en plus de sociétés voient leurs comptes se redresser.

C'est le cas par exemple chez Sextant Avionique, à Meudon, qui emploie 4 400 personnes. Cette entreprise du secteur aéronautique sort du rouge et relance sa production. «*Aujourd'hui, la charge de travail est revenue. Il n'y a même plus assez de personnes: nos patrons ont été trop pessimistes*», dit Guy Hetreu, délégué central CFDT,[1] qui note l'apparition de revendications salariales. Les syndicats avaient signé, il y a un an, jour pour jour, un accord de réduction du temps de travail accompagné d'une baisse proportionnelle du revenu pour sauver 636 emplois. Cet accord devait courir jusqu'à la fin 1995. Aujourd'hui les salariés voudraient le dénoncer, parce qu'il «*ne se justifie plus*». Là aussi, ce qui est mis en avant, c'est la volonté de récupérer l'argent perdu pour cause de récession. Avec une augmentation à la clé.

La croissance ne s'accompagne pas d'augmentations.

Chez Rhône-Poulenc (pharmacie), les récents bons résultats enregistrés par le groupe «*risquent de relancer la question des salaires*», affirme un syndicaliste. Même son de cloche, un peu partout, dans les entreprises qui retrouvent des couleurs. Notamment dans la chimie, où pour la première fois depuis longtemps, tous les syndicats ont réussi à s'entendre pour lancer une journée d'action, le 25 octobre dernier, sur le thème de l'emploi et...des salaires. La mobilisation a surpris par son ampleur: des débrayages ont eu lieu dans 140 établissements, au moment où l'accord de branche est en cours de renégociation.

Au ministère du Travail, on remarque que depuis la mi-septembre, plus d'un conflit sur deux porte sur les rémunérations. Mais cette tendance demande à être confirmée: les conflits sala-riaux sont encore loin de faire tache d'huile. Bernard Leroy, secrétaire général de la puissante union des industries métallurgiques et minières, souligne que «*pour l'instant, c'est le calme plat*». «*Au mois de mai*, pour suit-il, *nous nous sommes interrogés sur le risque de tensions salariales. En fait, nos craintes se sont révélé infondées: il n'y a jamais eu aussi peu de conflits dans nos industries que le mois dernier.*»

«*Je n'ai pas noté plus de pression depuis un an. Il n'y a pas de flambée de revendications. De toute façon, les choses ont profondément changé ces dernières années. Plutôt que de faire descendre des oukazes patronaux ou syndicaux, la tendance est de négocier site par site*», observe Didier Lacour, directeur des ressources humaines du groupe mécanique Legris Industries. Le CNPF[1] s'est d'ailleurs mis au diapason: il ne donne à ses troupes que des recommandations salariales très générales, laissant le soin à ses adhérents de fixer dans le détail leur propre cap.

Pour l'heure, dans un bel ensemble, les patrons adoptent un profil bas. Trop heureux de ce sursis. «*Nul n'est à l'abri. Ce ne serait pas illogique que les gens récla-ment des augmentations*», reconnaît un dirigeant d'une grande entreprise du secteur pétrolier.

Mais le chômage continue d'augmenter. Côté syndicats, on prévient: «*Il y a un très gros mécontentement sur les salaires.*» Mais on admet en même temps que les salariés ne semblent pas encore disposés à aller jusqu'au conflit pour obtenir des augmentations. Pourquoi? Selon le CNPF, «*deux points de croissance, c'est bien, mais ce ne sont que deux points. Le problème se posera plutôt l'année prochaine si la croissance atteint 3 ou 4%*».

En fait, même s'ils voient que la situation s'améliore sur leur lieu de travail, les employés constatent aussi que le chômage, au niveau national, continue d'augmenter. Traumatisés par des vagues de licenciements, somme toute, pas si anciennes, ils ne font pas de la question salariale un *casus belli*.[2] Et dans l'immédiat, les conflits sociaux restent très localisés. Même si les directions des centrales les suivent de très près pour, le cas échéant,[3] adapter leur stratégie syndicale...

© *Libération*

Notes

1. CGT   Confédération Générale du Travail
   CFDT   Confédération Française Démocratique du Travail
   FO   Force Ouvrière
   CNPF   Conseil National du Patronat Français
2. *casus belli*   Expression latine signifiant un acte susceptible de motiver une déclaration de guerre
3. le cas échéant   : si le cas se présente

Exploitation du Document

1. Vrai ou faux?

   a. Ces dernières années il y a eu peu de conflits sociaux en France.
   b. Il y a maintenant d'autant plus de revendications salariales que la production redémarre.
   c. L'objet principal des revendications est le niveau des salaires.
   d. Il y a aujourd'hui une tendance à la revendication sans aller jusqu'à la grève.
   e. Comme il y a une amélioration de la production, le chômage commence à baisser.

2. Etude lexicale

   Cherchez dans votre dictionnaire les expressions idiomatiques suivantes qui se trouvent dans le texte et essayez de leur trouver un équivalent en anglais:

   a. crier gare
   b. faire tache d'huile
   c. les années de vaches maigres
   d. à la clé
   e. son de cloche
   f. se mettre au diapason
   g. fixer son propre cap

3. Faites une traduction orale du passage: 'Au ministère du Travail...leur propre cap'.

4. Finissez les phrases suivantes en utilisant les idées et le vocabulaire du texte:

   a. Bien qu'il y ait un redémarrage de la production...
   b. L'attitude au ministère du Travail est...
   c. Les employés toujours inquiets des licenciements...
   d. L'attitude des patrons consiste...

DOCUMENT SONORE

Le PDG de l'imprimerie Lefrancq vous parle de son entreprise.

1. Ecoutez le document sonore.

2. Faites une transcription orthographique du passage suivant:

    'Pouvez-vous m'expliquer maintenant ce qu'on fait dans...jusqu'à dix-huit heures'.

3. Faites une traduction orale rapide d'une partie de ce passage:

    'L'imprimerie Lefrancq a vu sa naissance...une activité annexe'. Vous pouvez faire une traduction simultanée ou consécutive; vous pouvez également traduire ce passage à partir de la transcription orthographique.

4. Questions de compréhension:

    a. L'entreprise Lefrancq est-elle une SA ou une SARL?
    b. Quel a été le développement de l'imprimerie Lefrancq?
    c. Qu'est-ce qu'on imprime surtout chez Lefrancq?
    d. Quel est le syndicat des imprimeurs?
    e. Y a-t-il des grèves à l'imprimerie Lefrancq?

5. Expliquez l'attitude du PDG de chez Lefrancq envers le syndicalisme.

6. Complétez les phrases suivantes avec des mots appropriés:

    a. On y imprime des notices de...en langue étrangère pour des...qui font de...
    b. La CGT est un syndicat très...qui a eu jadis plus d'...que maintenant.
    c. Lorsque les ouvriers de cette imprimerie ont des...à formuler, ils vont voir...
    d. Certains ouvriers, surtout les..., travaillent de huit à dix-huit heures avec une...d'une heure trente; d'autres travaillent en..., c'est-à-dire l'...à cinq heures et la...à treize heures pour certains, et la même chose de treize heures à vingt et une heures pour les autres.

VOCABULAIRE

I L'entreprise

entreprise (f) *firm, business*
firme (f) *firm, business*
usine (f) *factory, works*
fabrique (f) *factory, works*
fabricant (m) *maker, manufacturer*
direction (f) *management; board of directors; director's office; head office*
dirigeant (m) *executive, director*
patronat (m) *employers*
patron (m) *boss*
cadre (m) *executive*
gestion (f) *management, administration*
gérer *to manage*
comité d'entreprise (m) *works council*
conseil (m) *advice; consultant; board*
conseil d'administration *board of directors*
réunion du conseil d'administration (f) *board meeting*
compte rendu (m) *minutes*
ordre du jour (m) *agenda*
article (m) *item*

locaux commerciaux (m pl) *business premises*
siège social (m) *head office*
raison sociale (f) *name (of firm); trade name*
bureaux (m pl) *offices*
atelier (m) *workshop*
entrepôt (m) *warehouse*
maison mère (f) *parent company*
filiale (f) *subsidiary*
succursale (f) *branch*

organigramme (m) *organization chart*
directeur (m) *director*
directeur général *managing director*
président-directeur général/PDG *chairman and managing director*
adjoint, -te (m/f) *deputy*
associé, -ée (m/f) *partner*
production (f) *production*
fabrication (f) *manufacture, production*
vente (f) *sale*

service commercial (m)   *sales department*
exportation (f)   *export*
contrôle (m)   *control, checking*
chef du personnel (m)   *personnel manager*
relations publiques (f pl)   *public relations*
service après-vente (m)   *after-sales service*
effectifs (m pl)   *manpower*
main-d'œuvre (f)   *manpower*
manœuvre (m)   *unskilled worker*
ouvrier spécialisé/OS (m)   *semi-skilled worker*
ouvrier qualifié (m)   *skilled worker*
agent de maîtrise (m)   *supervisor*
contremaître (m)   *foreman*
équipe (f)   *shift*
travailler par équipes   *to work in shifts*
faire les trois huit   *to work eight-hour shifts*
fabrication en série (f)   *mass production*
travail à la chaîne (m)   *mass produaion*
travail à la pièce   *piece work*

étude de marché (f)   *market research / survey*
consommateur (m)   *consumer*
biens de consommation (m pl)   *consumer goods*
marchandises (f pl)   *goods*
stock (m)   *stock*
approvisionner (de)   *to supply (with)*
gamme de produits (f)   *range of products*
marque (f)   *brand, make*
brevet (m)   *patent*
disponibilité (f)   *availability*
réseau commercial (m)   *sales network*
débouché (m)   *outlet*
marché intérieur (m)   *home market*
marché extérieur   *overseas market*
emballage (m)   *packing*
conditionnement (m)   *packaging*
manutention (f)   *handling*
port (m)   *postage; carriage*
rentabiliser   *to make (smth.) pay*
rentabilité (f)   *profitability*
rapport qualité/prix (m)   *value for money*
conjoncture (f)   *economic situation*
concurrence (f)   *competition*

concurrent, -te (m/f)   *competitor*
en gros   *wholesale*
grossiste (m)   *wholesale dealer*
au détail   *retail*
détaillant (m)   *retailer*
réclamation (f)   *complaint*

II Emploi et chômage

emploi (m)   *employment*
embauche (f)   *taking on*
bureau d'embauche (m)   *employment agency*
embaucher   *to take on*
recruter   *to recruit*
demandeur, -se d'emploi (m/f)   *job-seeker*
entretien d'embauche (m)   *interview*
entrevue (f)   *interview*
traitement (m)   *salary*
salaire (m)   *salary*
toucher un salaire   *to be paid a salary*
salarié, -ée (m/f)   *wage earner*
prétentions (f pl)   *expected salary*
fixe (m)   *fixed salary*
prime (f)   *bonus*
avance (de trésorerie) (f)   *cash advance*
avantages sociaux (m pl)   *welfare benefits*
petits bénéfices (m pl)   *perks*
voiture de fonction (f)   *company car*
chèque-repas (m)   *luncheon voucher*
subventionner   *to subsidize*
à plein temps   *full-time*
à temps partiel   *part-time*
formation (f)   *training*
stage (m)   *placement*
charges sociales (f pl)   *contributions (paid by employer)*
SMIC (m)   *index-linked guaranteed minimum wage*
TUC (m)   *job opportunities scheme*
travail (au) noir (m)   *moonlighting*
travailler au noir   *to moonlight*

démission (f)   *resignation*
démissionner (de)   *to resign (from)*
préavis (m)   *notice*
donner un préavis d'un mois   *to give a month's notice*
chômage (m)   *unemployment*

chômer   *to be unemployed*
renvoyer   *to dismiss, to sack*
donner congé à   *to dismiss, to sack*
congédier   *to dismiss, to sack*
licencier   *to dismiss, to sack*
licenciement (économique) (m)   *redundancy*
allocation (de) chômage (f)   *unemployment benefit, dole*
indemnité de chômage (f)   *unemployment benefit, dole*

III Syndicats et action revendicative

syndicat (m)   *trade union*
section (syndicale) (f)   *branch*
délégué syndical (m)   *shop steward, union representative*
responsable syndical (m)   *union official*
syndiqué (m)   *trade unionist*
adhérent (m)   *member*
carte syndicale (f)   *union card*
réunion syndicale (f)   *union meeting*
se syndiquer   *to form a trade union; to join a union*

action revendicative (f)   *industrial action*
mouvement revendicatif (m)   *industrial action*
agitation ouvrière (f)   *industrial unrest*
conflits sociaux (m pl)   *industrial unrest*
conflit du travail (m)   *industrial dispute*
grève (f)   *strike*
se mettre en grève   *to walk out*
faire grève   *to (be on) strike*
grève du zèle   *work to rule*
grève perlée   *go-slow*
grève sur le tas   *sit-in*
occupation de locaux (f)   *sit-in*
grève des heures supplémentaires   *overtime ban*
grève surprise   *walkout*
grève sauvage   *unofficial strike*
grève tournante   *staggered strike*
piquet de grève (m)   *picket*
jaune (m)   *blackleg, scab*

revendication (f)   *demand, claim*
conditions de travail (f pl)   *conditions of employment*
augmentation (f)   *increase*
hausse (f)   *increase*

blocage (des salaires) (m)   *(wage) freeze*
congés payés (m pl)   *paid leave*
heures supplémentaires (f pl)   *overtime*
faire des heures supplémentaires   *to work overtime*
avec effet rétroactif (au 1 avril)   *backdated (to 1 April)*

IV Finances

comptabilité (f)   *accountancy*
comptable (m)   *accountant*
chiffre d'affaires (m)   *turnover*
bénéfice (m)   *profit*
marge bénéficiaire (f)   *profit margin*
prix de revient (m)   *cost price*
perte (f)   *loss*
commande (f)   *order*
passer (une) commande (de)   *to place an order (for)*
facture (f)   *invoice*
facturer   *to invoice*
régler   *to pay*
régler un compte   *to settle an account*
solde (m)   *balance*
taxe à la valeur ajoutée/TVA (f)   *value added tax / VAT, processing tax (Am)*
reçu (m)   *receipt*
acompte (m)   *advance; deposit*
payer comptant   *to pay (in) cash*
acheter à crédit   *to buy on easy terms, to buy on HP*
acheter à tempérament   *to buy on easy terms, to buy on HP*
versement (m)   *payment, instalment*
versements échelonnés (m pl)   *regular payments*
annuité (f)   *annual payment*

société anonyme/SA (f)   *limited company*
société à responsabilité limitée/SARL (f)   *limited liability company, plc*
bilan (m)   *balance-sheet*
exercice (m)   *financial year*
dette (f)   *debt*
rembourser   *to reimburse*
débiteur (m)   *debtor*
créancier (m)   *creditor*
être en déficit   *to show a deficit*
dépôt de bilan (m)   *voluntary liquidation*
déposer son bilan   *to go into voluntary liquidation, to file for bankruptcy*
se mettre en faillite   *to go into voluntary liquidation, to file for bankruptcy*

faillite (f)   *bankruptcy*
faire faillite   *to go bankrupt*
syndic (de faillite) (m)   *official receiver*
rachat (m)   *takeover*
Bourse (f)   *Stock Exchange*
agent de change (m)   *stockbroker*
action (f)   *share*
actionnaire (m/f)   *shareholder*
placement (m)   *investment*
investissement (m)   *investment*
investir   *to invest*
passif (m)   *liabilities*
actif (m)   *assets*
capital (m)   *capital*
intérêt (m)   *interest*
taux (m)   *rate*

compte bancaire (m)   *bank account*
compte chèque postal/CCP (m)   *(French) giro bank account*
caisse d'épargne (f)   *savings bank*
compte courant (m)   *current account*
compte sur livret (m)   *deposit account*
chèque (m)   *cheque, check (Am)*
chèque barré   *crossed cheque*
carnet de chèques (m)   *cheque book*
toucher un chèque   *to cash a cheque*
relevé (m)   *bank statement*
être à découvert   *to be overdrawn*
être sans provision (chèque)   *to bounce (cheque)*
chèque sans provision (m)   *dud cheque*
montant (m)   *amount*
virement (m)   *transfer*
liquide (m)   *ready money, cash*
devises (f pl)   *currency*

impôt (m)   *tax*
feuille d'impôts (f)   *income tax return*
subvention (f)   *subsidy, grant*
allégement fiscal (m)   *tax relief*
dégrèvement fiscal (m)   *tax relief*
exonération (f)   *exemption*
conseiller fiscal (m)   *financial adviser*
fisc (m)   *Inland Revenue*
Ministère des Finances (f)   *Treasury*

GRAMMAIRE

Révision

1.   Verbes devoir, falloir, pouvoir, savoir, valoir, vouloir

Byrne & Churchill, paras 377-378
Ferrar, paras 64-69
Schaum's, p. 273-275

2.   Prépositions 'en' et 'dans'

Byrne & Churchill, paras 657, 709
Ferrar, Appendix B
Schaum's, p. 70-74

3.   Usages divers du pronom 'en' avec les verbes: avoir, être; aller, arriver, venir; croire, faire, falloir, pouvoir, vouloir

— croire
    N'en croyez rien = don't believe it.
— être
    Où en sommes-nous? = how far have we got?
    Je ne sais plus où j'en suis = I'm in a fog.
    Nous n'en sommes pas à le renvoyer = we haven't reached the point of sacking him yet.
— aller
    Va-t'en! allons-nous en! = go away! let's go!
— arriver
    J'en étais arrivé là lorsque…= I had got to that point when…
— venir
    En venir à quelque chose = to come to the point of doing something
    En venir aux coups = to come to blows
— avoir
    Nous en avons pour deux heures = it will take us two hours.
    J'en ai assez = I've had enough.
    Tu en as pour 5 francs = you've got 5 francs' worth.
— faire
    N'en faites rien = do no such thing.
    Ne t'en fais pas = don't worry.
— falloir
    Il s'en faut de beaucoup qu'il soit heureux = he is far from happy.
— pouvoir
    Il n'en peut plus = he is tired out.

— vouloir
En vouloir à quelqu'un = to bear someone a grudge
S'en vouloir = to be angry with oneself

Exercices

1. Retournez au document I de ce chapitre et relevez tous les 'en' du texte. Classez-les en prépositions et pronoms, étudiez-en la valeur et le sens.

2. Complétez les phrases suivantes en choisissant 'en' ou 'dans':

   a. Soyez patient, j'y serai...dix minutes.
   b. ...quelques mois la nouvelle entreprise avait stabilisé son budget.
   c. Après avoir reçu ma lettre, ils ont payé...quelques jours.
   d. ...moins de rien, elle avait signé le chèque.
   e. Il faudra que vous veniez...quelque temps visiter notre nouvelle usine.

3. Composez deux phrases complexes utilisant:

   a. 'en' et 'dans' au sens temporel (voir exercice 2).
   b. 'en' et 'dans' se rapportant au lieu.
      Exemple: J'irai en France mais je n'habiterai probablement pas dans Paris même.
   c. d'autres sens de la préposition 'en'.

4. Traduisez les phrases suivantes en français:

   a. It would be better for him to resign.
   b. The delegate may have left before the end of the meeting.
   c. If you don't want to participate, you should say so.
   d. This company is not worth much.
   e. I should have told her that her interview would be next week.
   f. He must write an official letter to the chairman.
   g. How much did they owe him?
   h. She will have to be told that she must join the union.
   i. I knew that they might still call off the strike.
   j. They felt that they had to go on strike after their claims had been rejected.

5. Traduisez les phrases suivantes en français:

   a. He is tired out because he has spent such a lot of time setting up the new branch.
   b. Once we have done the market survey, it will take us approximately three months.

   c.   He had got to the point where he could no longer cope.

   d.   After the police moved in, the pickets soon came to blows with them.

   e.   Although he is useless, we haven't reached the point of making him redundant yet.

   f.   Clear off! We don't want blacklegs at this meeting!

   g.   They bear him a grudge for letting them down.

   h.   Don't worry! It will come naturally in the end!

6.   Complétez le texte ci-dessous en utilisant les verbes suivants à la forme correcte:

devoir	falloir	pouvoir
savoir	valoir	vouloir

'C'est pas drôle pour un gamin quand papa est au chômage. Dans l'ensemble ils…pas en parler, ils restent discrets. A l'école, ils préfèrent que les autres le…pas. Ça…pas la peine de leur expliquer si eux ils y sont pas passés. On…peut-être les aider si on…mais ils disent rien. Quelquefois juste une petite phrase dans une rédaction. Et puis il y a eu cette fille dans la classe, elle…aller à l'université. Son père est devenu chômeur et elle, elle est devenue anorexique, parce que dans sa tête elle se disait qu'il…pas qu'elle mange parce que ça coûte cher. Elle…se serrer la ceinture, comme ça elle aiderait les parents. Pauvres mômes!'

UTILISEZ VOS CONNAISSANCES

A l'Oral

1.   A qui faire appel?

Choisissez dans la liste donnée la personne ou le service qui peut vous être utile dans les cas suivants (il se peut qu'il y ait plus d'une réponse):

   a.   Vous vous apercevez que vous avez perdu votre porte-monnaie.

   b.   Une personne est en train de se noyer.

   c.   Il y a une fuite importante à votre installation d'eau.

   d.   Il y a un grave accident sur la route.

   e.   Votre télévision est en panne.

   f.   Vous trouvez une erreur sur votre feuille d'impôts.

   g.   Quelqu'un est mort et vous devez vous occuper de l'enterrement.

   h.   Après une tempête il manque des tuiles à votre toit.

   i.   Vous cherchez le numéro de téléphone de quelqu'un.

   j.   Vous avez égaré les clés de votre appartement.

k. Vous avez eu un accrochage et vous voulez le feu vert pour faire réparer votre voiture.

l. Vous êtes condamné à mort.

Police-secours; couvreur; renseignements; objets trouvés; serrurier; gendarmes; Président de la République; sauveteurs; assureur; SAMU; électricien; pompes funèbres; percepteur; dépanneur; réparateur; sapeurs-pompiers; plombier.

2. En quoi consiste votre travail si vous êtes:

   a. Pompiste
   b. Traiteur
   c. Teinturier
   d. Plongeur
   e. Moniteur
   f. Eboueur
   g. Matelot
   h. Receveur
   i. Maraîcher
   j. Mareyeur
   k. Brocanteur
   l. Conservateur

3. Faites une traduction orale rapide des petites annonces ci-dessous:

Société recherche
SECRETAIRE
STENODACTYLO
QUALIFIÉE
Très bonne orthographe.
Libre de suite.
Tél. 42.85.38

Groupe presse édition rech.
J.F., J.G. 20 ans min., niveau BAC.
pour travail cial, assurance
de l'apprentissage d'un
métier de contrats, bonne
rémunération. 45.79.41

Nos représentants
BENEFICIENT
d'une formation sérieuse,
d'une vie familiale préservée,
d'un salaire de haut niveau.
Des places sont disponibles
dans votre département.
Pour en savoir plus,
appeler au 42.96.44

Centre Paris recherche
HOMME OU FEMME
DE CONFIANCE ET DISPONIBLE
pour entretien appt et bureaux.
Cette personne doit savoir
cuisiner, être de présentation
soignée, parlant et comprenant
le français, très propre et très
ordonnée, aimant les animaux.
Possibilité de logt ultérieure.
Tél. 42.36.06.

Pour missions
OUTRE-MER +
AMERIQUE DU SUD
6 semaines sur 8
recherchons
CONSEILLERS
FINANCIERS
même débutants,
exclusivement à la
commission pour produits
immobiliers Paris.
Prospectent coopérants
français et cadres locaux
Possibilité 40.000 F à 100.000 F
mens. Indispensable être
libre immédiatement
Tél. 45.03.72

4. Sujet de discussion:

    Est-ce que tous les métiers devraient être ouverts de façon égale aux hommes et aux femmes, ou pensez-vous qu'il doive y avoir des postes réservés à un sexe ou à l'autre?

5. Sondage d'opinion:

    Voici deux listes, par ordre alphabétique, de dix professions.
    Demandez autour de vous ce qu'en pensent les gens et présentez vos résultats en français.

Les dix professions qui rapportent le plus d'argent:	Les dix professions qui ont le plus d'avenir:
—Avocat	—Artisan
—Banquier	—Boulanger
—Chirurgien	—Chercheur
—Dentiste	—Commerçant
—Ingénieur	—Croque-mort
—Médecin	—Electronicien
—Ministre	—Informaticien
—Notaire	—Ingénieur
—Pharmacien	—Médecin
—PDG	—Professeur

A l'Ecrit

1. Traduisez en anglais le texte suivant:

    Habiller un chômeur en pré-retraité, c'est lui fournir un statut, lui enlever 'l'étoile jaune' de parasite social. Voilà où en sont les esprits à l'aube du XXIe siècle! Pendant près de deux millénaires, le travail a été considéré comme une triste nécessité, même pas très avouable du temps des Romains. Changement à vue depuis l'ouverture des 'manufactures': il a été tellement sacralisé que l'opprobre—bien pire que la réduction de vie—frappe celui qui vient d'être licencié sans avoir commis d'autre faute que celle de vivre sous une mauvaise étoile conjoncturelle.

    De l'autre côté de la barrière professionnelle, le retraité est regardé comme un homme qui a fait son temps, qui ne doit surtout plus encombrer les circuits productifs, que l'on range proprement dans sa maison des champs, à côté de son sécateur et de sa tondeuse à gazon. Il a droit au maternage, mais devient 'transparent', évidé des fonctions de responsabilité sociale.

    Caricatures? A peine. Combien de temps les Français vont-ils ainsi singulariser leurs concitoyens sous prétexte qu'ils n'ont plus la fonction de travailleur? Le 'ghetto' des personnes âgées a toutefois plus de chances de s'entr'ouvrir que celui des sans emploi. Peut-être tout simplement parce que près de 20% des Français ont plus de soixante ans. Force politique, on le savait, mais pourquoi pas économique?

2. Traduisez en français le texte suivant:

From this large town in the industrial North, the view taken of Government, with its industrial policies, is pretty dim. It grew big on steel and now its inhabitants watch its gradual decline as more and more firms close down every year. Where once there used to be steelworks and furnaces with smoke billowing from a thousand stacks, there are now desolate landscapes of empty buildings and silent factories. In the space of ten years, the workforce in the steel industry has been reduced to a half of what it was at its peak.

We spoke to some of the men who had been made redundant and who were anxiously looking through the small ads for an improbable job. They feel that they have to provide for their families but they can't in the way that they want to. They are fed up with the Government's attitude to the problems of the industrial North. They believe that the difference in perspective between them and ministers in power is growing wider and that there isn't much hope of things improving for them in the near future. They point out that young people of 18 or 19 who are on the dole have never yet had a job. They believe that this is one of the reasons for the increase in the crime rate in the town.

3. Ecrivez une rédaction sur le sujet suivant:

'Certaines catégories professionnelles comme la police, les pompiers et les infirmières ne devraient pas avoir le droit de se mettre en grève.'

Etablissez le plus objectivement possible les arguments 'pour' et 'contre' et faites une conclusion dans laquelle vous résumez l'essentiel et vous donnez votre point de vue.

400 mots

4. Vous avez lu les petites annonces de la question 3 dans la section 'Utilisez vos connaissances à l'oral'. Après avoir choisi le poste qui vous convient le mieux, vous avez téléphoné pour avoir de plus amples détails et pour obtenir l'adresse. En vous inspirant du modèle qui suit, faites la lettre de demande d'emploi répondant à la petite annonce de votre choix.

Béatrice BRARD
6 allée des Bleuets
72 000 Le Mans

Objet: demande d'emploi

P.J :   – 1 CV
        – 1 enveloppe timbrée

Entreprise HELMINGER
187 avenue Lefaucheux
72 000   Le Mans

Le Mans,
le 10 mars 1995

Monsieur le Directeur,

Votre annonce parue dans " Ouest France" du 9 mars 1995, concernant un emploi de secrétariat trilingue, a retenu toute mon attention et je serais tout particulièrement intéressée par le poste que vous offrez.

Je suis titulaire du BTS de Secrétariat Trilingue depuis juin 1994, diplôme que j'ai préparé au Lycée Gabriel Touchard (Le Mans). Je viens d'effectuer un stage de huit mois au service Export de Renault Automobiles (au Mans également) où j'ai été initiée, entre autres, à la saisie informatique, au télex et aux procédures douanières.

Vous trouverez, ci-joint, un curriculum vitae vous donnant toutes les précisions qui peuvent vous être nécessaires. Je reste, bien entendu, à votre disposition pour tout renseignement complémentaire.

Je me permets de vous communiquer les références de deux personnes qui me connaissent bien au cas où vous souhaiteriez les contacter :
– Monsieur René MITON, professeur principal de la section BTS Secrétariat Trilingue au Lycée Gabriel Touchard
– Monsieur Pierre GILET, directeur du service Export de Renault Automobiles au Mans.

Je crois pouvoir répondre aux exigences que vous soumettez et j'espère vivement que vous pourrez accueillir favorablement ma demande

Je vous prie d'agréer, Monsieur le Directeur, mes salutations respectueuses

B. Brard

B. BRARD

5. Faites votre propre curriculum vitae en utilisant le modèle suivant pour la présentation:

CURRICULUM VITAE

Etat civil

Nom: Brard
Prénoms: Béatrice Anne
Date de naissance: 28 novembre 1971
Lieu de naissance: Le Mans (Sarthe)
Nationalité: française
Situation familiale: célibataire
Adresse: 6 Allée des Bleuets
            72000 LE Mans
Téléphone: 43.37.28.17

Etudes suivies

Etudes secondaires:

1986–87	Seconde A5	Lycée Bellevue, Le Mans
1987–88	Première A5	Lycée Bellevue, Le Mans
1988–89	Terminale A5	Lycée Bellevue, Le Mans

Etudes supérieures:

1989–90	Première année DEUG Anglais	Université du Maine, Le Mans
1990–91	Deuxième année DEUG Anglais	Université du Maine, Le Mans
1992–93	Licence d'Anglais	Université du Maine, Le Mans

Secrétariat:

| 1993–94 | Secrétariat trilingue | Lycée Gabriel Touchard, Le Mans |

Diplômes obtenus

Baccalauréat A5 (section Philosophie-Lettres).	juin 1989
Spécialité: trois langues étrangères: Anglais, Allemand, Espagnol	
DEUG d'Anglais	juin 1991
Licence d'Anglais	juin 1993
BTS Secrétariat trilingue	juin 1994

Séjours à l'étranger

Une année d'assistant (septembre 1991–juillet 1992) à Rugby High School, Angleterre.

Plusieurs séjours linguistiques d'une à deux semaines en Grande-Bretagne, en Allemagne et en Espagne.

Stages effectués

1 juillet–31 août 1989: guichetière aux P&T du Mans

1 juillet–31 août 1990: employée de bureau aux Mutuelles du Mans

1 juillet–31 août 1991: employée de bureau au Crédit Agricole, Le Mans

1 juillet–28 février 1994: employée au service Export de Renault Automobiles, Le Mans (traduction, saisie informatique, procédures douanières, etc)

Connaissances particulières

Sténographie et dactylographie (stage intensif de 6 semaines effectué de juillet à août 1991)

Traitement de texte et informatique (stage intensif de 6 semaines effectué de juillet à août 1994)

Anglais courant

Bonnes connaissances en Allemand et Espagnol

Permis de conduire

Activités extra-professionnelles

Athlétisme, alpinisme, lecture, guitare classique

VI

LE LOGEMENT

DOCUMENT ECRIT I

La crise du logement locatif à Paris

La quête difficile d'un appartement

Jean et Nadine n'ont pas encore trente ans. Ils ont vécu ensemble, fauchés et joyeux, la fin de leurs études dans le 'studio' de Nadine, entendez une chambre de bonne au sixième étage, avec une vraie fenêtre, certes, une 'kitchenette' dans un placard et des WC chimiques bruyants et...mal aérés. Onze cents[1] francs par mois dans une rue calme du septième arrondissement. Ils ont beaucoup de   5
chance, puisqu'ils ont trouvé tous deux un emploi. Ils gagnent 16 000 F par mois à eux deux. Nadine attend un bébé pour février. Il faut déménager. Vite. Quitter Paris? Cela leur fait peine. Il y a les copains dont on va s'éloigner; et puis la longueur des trajets. Acheter? Ils n'en ont pas les moyens: leur plan d'épargne-logement n'a que dix-huit mois. Alors, louer un vrai trois-pièces confortable dans   10
Paris? Ils sont en train de s'apercevoir qu'ils n'en ont pas les moyens non plus. En trois mois de prospection épuisante et dévoreuse de temps—ce qui pose des problèmes avec leurs employeurs respectifs,—ils ont déjà beaucoup rabattu de leurs prétentions. Ils sont prêts à quitter leur quartier, se contenteraient de deux pièces, mais ne transigeront pas sur les WC et la salle d'eau.   15

Au fil d'interminables attentes dans des escaliers suintants et des courettes sans lumière, ils ont découvert la pratique des enveloppes glissées de la main à la main, les enchères entre candidats locataires, les 'reprises'[2] importantes (20 000, 30 000 F) totalement injustifiées, demandées par le propriétaire ou l'ancien locataire, les travaux importants qu'il faut entreprendre (baignoire à remplacer,   20
chauffage central individuel hors d'haleine) et qui expliquent la modicité toute relative du loyer (3 000 F par mois).

Il leur reste à[3] prospecter la lointaine banlieue.

M. et Mme V...portent chacun avec allégresse un demi-siècle, qu'ils sont loin de paraître. Cadres tous les deux, ils ont élevé deux enfants, aujourd'hui envolés,   25
et occupent depuis quinze ans un cinq-pièces de bon standing dans une petite rue calme du bon dix-septième arrondissement. Ce n'est pas le grand luxe de la plaine Monceau, mais le confort bourgeois d'un immeuble du dix-neuvième siècle, doté d'un ascenseur. Ils paient 4 500 F de loyer. Ils se contenteraient aujourd'hui de trois pièces, dans le même quartier, dans le même genre d'immeuble, avec le   30

même confort. Cela arrangerait bigrement leur propriétaire qui se plaint toujours de ne pas pouvoir leur demander le double et qui espère beaucoup de l'abrogation de la loi Quilliot[4]. Las! Le trois-pièces convoité, lorsqu'on le trouve, coûte au moins 5 000 F, plutôt 6 000 F. Il faut y ajouter une reprise plus ou moins
35 inévitable, la réfection du nouvel appartement—et ils ne sont plus d'humeur à faire tout eux-mêmes,—le coût du déménagement... Ils savent compter. Ils ne bougeront pas.

Quant aux R..., ils sont propriétaires de 50 mètres carrés près de la Bastille, où ils ont vécu avec leur fils, maintenant marié et en province. Aujourd'hui en
40 retraite, ils vivent l'été dans la maison de vacances, patiemment aménagée, voyagent un mois par an, et passent cinq mois dans leur ancien domicile devenu résidence secondaire. Pas question d'y mettre des locataires.

Trois couples, trois exemples parmi des milliers[5] d'autres, fort différents. Il y a aussi le propriétaire qui met en vente à cause de la loi Quilliot, il y a celui qui
45 attend, pour relouer, qu'elle soit abrogée, la compagnie d'assurances qui vend ses logements pour investir dans les bureaux, il y a le locataire mauvais payeur, mauvais coucheur dont le propriétaire ne parvient pas à se débarrasser[6], car la justice est lente et la police ne suit pas (bien que la loi prévoie cette procédure).

Et puis—il faut en parler car l'hiver arrive—il y a les sans-abri.[7] Nul ne sait
50 vraiment combien ils seront l'hiver prochain, même s'il est moins rude que le précédent, à errer en grelottant dans les rues venteuses de la capitale, sans savoir où coucher (les organisations charitables les évaluent à 10 000). Parmi eux, il n'y a pas que des clochards volontaires et des marginaux déterminés à le rester. Familles de chômeurs en fin de droits[8], jeunes venus, avec un maigre
55 pécule vite fondu et une formation insuffisante, chercher du travail. L'absence de logis et la crasse les transforment en clochards malgré eux. Les autres grandes capitales et l'ensemble des pays industrialisés connaissent peu ou prou le même phénomène. Selon les organisations caritatives[9] et en la matière les statistiques fiables sont quasi inexistantes, on décompte 140 000 sans-logis en Grande-
60 Bretagne, 20 000 au Danemark. Aux Etats-Unis, on ne sait pas trop, les estimations variant de 350 000 à 3 millions.

Certains feignent de croire qu'à Paris et dans la région parisienne l'abrogation de la loi Quilliot résoudra tout problème grâce à la liberté retrouvée. En privé, les professionnels du logement conviennent que, au mieux, on la débaptisera et on en
65 changera quelques dispositions. Cela devrait suffire à provoquer un choc psychologique, et à[10] remettre sur le marché un certain nombre d'appartements. Cela ne fera pas sortir de terre des logements, dans une capitale corsetée dans ses limites du dix-neuvième siècle. Personne ne veut—heureusement—la couvrir de gratte-ciel[7].
70 Paris a donc vocation de devenir de plus en plus, ce qu'il est déjà, une ville de très riches et de très pauvres.

Ce que les Parisiens et les candidats Parisiens doivent savoir, c'est que les New-Yorkais sont fondés à les envier. Manhattan a comme Paris un secteur à loyer limité. Le reste connaît la plus totale liberté et le libre jeu du marché n'y a pas fait baisser les loyers: de nombreux New-Yorkais consacrent à se loger la moitié de leurs revenus, et il vaut mieux que ceux-ci soient élevés. 75

Il y a peu de chances ou de risques (cela dépend du point de vue où on se place) pour que Paris soit livré à une spéculation immobilière totale. Il ne faudrait pas penser non plus que la crise du logement locatif, qui ne date pas d'hier, trouvera dans un avenir proche sa solution.

© Le Monde

Notes

1.	onze cents francs	: mille cent francs. Remarquez que 'cent' prend un 's' au pluriel, alors que mille est invariable.
2.	reprises	Il s'agit d'une somme d'argent que le locataire quittant les lieux exige fréquemment du nouveau locataire pour le dédommager des travaux qu'il a entrepris et des améliorations qu'il a apportées à l'appartement.
3.	il leur reste à…	: ils n'ont plus qu'à…
4.	loi Quilliot	Loi de 1982 sur les logements, partiellement abrogée en 1987
5.	milliers	Quelle est la différence entre milliers, millions et milliards?
6.	dont le propriétaire…	Notez la construction: se débarrasser de… avec un relatif. Ecrivez une phrase utilisant la même construction avec le verbe 's'échapper de'.
7.	sans-abri, gratte-ciel	Mots invariables
8.	en fin de droits	Ce sont les chômeurs qui n'ont plus droit à l'indemnisation de chômage.
9.	organisations caritatives	: œuvres de bienfaisance, de charité
10.	à…à…	Les prépositions 'à', 'de', 'en' sont généralement présentes avant chaque mot ou groupe de mots qu'elles gouvernent.

Exploitation du Document

1. Avez-vous bien compris?

   a. Quelles désagréables surprises Nadine et Jean ont-ils eues au cours de leurs recherches?

    b.   Pourquoi M. et Mme V. ne déménagent-ils pas, même lorsqu'ils trouvent un appartement qui leur plaît?

    c.   Pourquoi les R. refusent-ils de louer leur appartement parisien?

    d.   Qu'est-ce que les trois couples mentionnés ont en commun?

    e.   Pourquoi le nombre des sans-emploi a-t-il augmenté?

    f.   Quelle est la situation de logement à New York?

2.   Faites une liste des arguments donnés dans le texte qui tendent à indiquer que la crise du logement locatif à Paris sera difficile à résoudre.

3.   Traduisez en anglais les passages suivants extraits du document:

    a.   'Jean et Nadine...mal aérés' (l. 1-4).

    b.   'Au fil d'interminables...3 000 F par mois' (l. 16-22).

    c.   'Trois couples...cette procédure' (l. 43-48).

4.   Faites un résumé oral du texte.

5.   Traduisez les phrases suivantes en essayant de vous rapprocher le plus possible du texte original sans toutefois le consulter:

    a.   They have already dropped their requirements a lot. They are prepared to leave the area they live in, would be happy with two main rooms but will not compromise on toilets or bathroom.

    b.   And then—we must talk about them as winter is approaching—there are the homeless. No one really knows how many of them there will be next winter, even if it is a less cold winter than the previous one, wandering and shivering in the windy streets of the capital, not knowing where they will sleep (charitable organizations put their number at 10,000).

    c.   Some people claim to believe that in Paris and in the area around, the repeal of the Quilliot law will solve every problem thanks to newly refound freedoms. In private, housing professionals agree that, at best, it will be renamed and a few of its conditions will be changed.

Vous trouverez la version française de ces phrases aux lignes 13-15, 49-52, et 62-65.

DOCUMENT ECRIT II

Les
Jardins
de Frémur

Un espace privilégié au cœur de la ville

Le calme du quartier, la verdure de son ensemble paysagé, l'art de vivre dans son concept architectural de qualité, le centre-ville et les lumières de ses boutiques à votre porte...
Voici 'Les Jardins de Frémur'.

L'Art de Vivre au cœur de la ville

A deux pas de chez vous, à pied ou en bus, le quartier vous offre tous ses avantages:
—   Un petit creux?[1] A votre service, les commerces sont là, autour de la Galerie Marchande, place La Fayette.
—   Les gros achats! A quelques minutes, un centre commercial vous ouvre ses portes.
—   Un tour de marché! Deux fois par semaine, place La Fayette: légumes, poissons, fromages, fleurs...C'est tout le charme et l'ambiance traditionnelle des marchés.

Détente et loisirs au cœur de la ville

C'est le grand choix: cinémas, théâtre, spectacles des centres culturels, activités du quartier...
Vive le sport avec le complexe de la Baumette (3 minutes à pied) pour plonger, courir, frapper dans la balle, du pied ou avec une raquette... et même du tir à l'arc...Sans oublier la patinoire du Haras.

Les enfants au cœur de la ville

—   Des études faciles: des établissements scolaires sont proches et variés: maternelle, collège, lycée technique, université.
—   Des mercredis faciles:[2] en complément des activités sportives, des centres d'animation dynamiques sont à votre disposition.

Une résidence au cœur d'un espace vert

Elégant, esthétique, fonctionnel, aux dimensions humaines, l'ensemble des 'Jardins de Frémur' est constitué de petites structures de 3 ou 4 étages, équipées d'ascenseurs. Un parc de stationnement en surface et sous-terrain est prévu pour un accès plus facile.

Les appartements de la première tranche (en cours de construction) varient du type I bis au type IV et bénéficient de grandes surfaces habitables et d'équipements de haut niveau.

Les labels[3] et prestations de qualité:
— label acoustique, qualitel et HPE 2 étoiles,
— chauffage électrique individuel et production d'eau chaude,
— fenêtres à double vitrage isolant,
— volets roulants pour chaque baie,
— balcon porte-fenêtre avec garde-corps en aluminium anodisé,
— placards équipés de portes coulissantes,
— sanitaire de couleur dont baignoire fonte (choix pour les acquéreurs entre 3 marques de sanitaires),
— moquette dans les chambres,
— carrelage en grès dans les autres pièces au rez-de-chaussée,
— revêtement plastique pour les étages,
— portier électronique.

Les appartements seront livrés entièrement terminés peints et tapissés. Une cave est prévue pour chaque logement ainsi qu'un parking.

Une décoration soignée est prévue pour les halls d'entrée et tous les bénéficiaires de cet ensemble auront la jouissance exclusive d'un ensemble d'espaces verts en partie boisé.

Notes

1. un petit creux   : une petite fringale.
   Avoir un petit creux: avoir un peu faim.
2. mercredis faciles   Le mercredi est le jour où il n'y a pas classe, c'est donc le jour où les parents doivent s'occuper des jeunes.
3. labels   Le label est la marque qui garantit la qualité ou l'origine du produit vendu.
   Label HPE: label haute performance énergétique.

Exploitation du Document

1. Vrai ou faux?

    a. Dans 'Les Jardins de Frémur', vous êtes assez éloigné du centre de la ville mais il y a un centre commercial et tous les magasins nécessaires.

    b. Toutes les pièces sont carrelées, à l'exception des chambres.

    c. Vous partagez un grand jardin avec les autres locataires ou propriétaires.

    d. On peut faire beaucoup de sport dans le quartier, y compris du patinage.

    e. Il y a un concierge.

    f. Les jardins auront été l'œuvre d'un paysagiste.

    g. Il y a des ascenseurs à tous les étages.

    h. Il ne manque qu'un lycée dans le quartier.

2. Vous allez emménager dans un appartement de la résidence 'Les Jardins de Frémur' dont voici le plan:

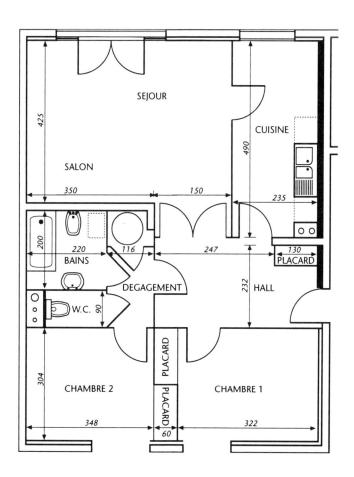

Vous écrivez à un(e) ami(e) pour lui faire part de la nouvelle. Aidez-vous du texte et du plan pour lui décrire votre nouveau logement, les aspects qui vous ont particulièrement attiré(e) vers cette résidence, ce dont vous regrettez peut-être l'absence. Vous finissez en invitant votre ami(e) à vous rendre visite dès que vous aurez emménagé.

DOCUMENT SONORE

L'agence immobilière

Mme Hillet est employée par une agence immobilière et vous explique en quoi consiste son travail.

1. Ecoutez ce document sonore.

2. Prenez des notes en français sur les points essentiels du travail de Mme Hillet.

3. A l'aide de vos notes, faites un résumé oral des activités principales de l'agence.

4. Faites une transcription orthographique du passage suivant: 'Et puis nous avons aussi les ventes…votre précieux temps de vacances'.

5. Questions de compréhension:
   a. Quelles sont les diverses solutions au logement étudiant?
   b. Comment l'agence réalise-t-elle un bénéfice?
   c. Qu'est-ce qui décourage les propriétaires de résidences secondaires?
   d. Quelles sont les trois solutions que vous pouvez envisager pour l'achat d'un studio?

6. Finissez les phrases ci-dessous en donnant une information aussi complète que possible:
   a. Le choix des étudiants dans les résidences universitaires s'opère en…
   b. L'avantage de la location-vente c'est que…
   c. Lorsque vous avez un studio plutôt qu'une maison de vacances, vous êtes plus libre parce que…
   d. La libre-propriété, c'est un système qui permet…

VOCABULAIRE

I Différents types d'habitat

logement (m)   *accommodation, housing*
maison particulière (f)   *private house*
maison individuelle   *detached house*
maison jumelle   *semi-detached house*
maisonnette (f)   *small house*
pavillon (m)   *house* (surtout dans 'pavillon de banlieue')
maison préfabriquée   *prefab*
fermette (f)   *country hideaway, week-end cottage*
lotissement (m)   *housing estate*
pâté de maisons (m)   *group, block of houses*
bâtiment (m)   *building*
immeuble (m)   *block of flats*
résidentiel   *residential*
ensemble (m)   *block (of buildings)*
appartement (m)   *flat, apartment (Am)*
studio (m)   *one-room flat; bed-sitter*
duplex (m)   *split-level flat*
deux-pièces (m)   *two-roomed flat*
garçonnière (f)   *bachelor flat*
habitation à loyer modéré/HLM (f)   *council housing*
local (m)   *premises, building*
résidence secondaire (f)   *weekend cottage*
meublé   *furnished*
non meublé   *unfurnished*

habiter   *to live in*
habitant (m)   *inhabitant*
citadin (m)   *city-dweller, 'townee'*
banlieusard (m)   *person living in suburbs/on outskirts of city, commuter*
villageois (m)   *villager*
campagnard (m)   *country-dweller*

II La maison et l'appartement

toiture (f)   *roofing, roof*
ardoise (f)   *slate*
tuile (f)   *tile*
cheminée (f)   *chimney; fireplace*
pierre de taille (f)   *hewn stone*

brique (f)   *brick*
crépi (m)   *pebble-dash*
mur crépi (m)   *rough-cast wall*
revêtement (m)   *facing, covering*
installation électrique (f)   *electrical wiring*
plomberie (f)   *plumbing*
tout-à-l'égout (m)   *mains sewerage*
chauffage central (m)   *central heating*
chaudière (f)   *boiler*
climatisé   *air-conditioned*
ascenseur (m)   *lift, elevator (Am)*
concierge (m/f)   *caretaker, janitor (Am)*
portier électronique (m)   *intercom, remote control door system*
étage (m)   *floor, storey*
rez-de-chaussée (m)   *ground floor, first floor (Am)*
maison de plain-pied (f)   *groundfloor, first floor (Am)*
plafond (m)   *ceiling*
plancher (m)   *floor*
cloison (f)   *partition, dividing wall*
palier (m)   *landing*
porte palière (f)   *door opening on to the landing*
attenant   *adjoining*
contigu   *adjoining*
escalier (m)   *staircase, stairs, stairway*
marche (f)   *step*
balcon (m)   *balcony*
porte-fenêtre (f)   *French windows*
lucarne (f)   *dormer window, skylight*
rebord de fenêtre (m)   *window-sill*
carreau (m)   *pane; tile (ceramic)*
vitre (f)   *pane*
volet (m)   *shutter*
store (m)   *blind*
porche (m)   *porch*
donner sur   *to look onto*

grenier (m)   *attic, garret, loft*
mansarde (f)   *attic, garret, loft*
pièce mansardée (f)   *attic room*
sous-sol (m)   *basement*
cave (f)   *cellar*
porte d'entrée (f)   *front door*
entrée (f)   *hall*

vestibule (m)   *hall*
couloir (m)   *hall, passage*
salon (m)   *lounge*
salle de séjour (f)   *living-room*
séjour (m)   *living-room*
coin repas (m)   *dining area*
kitchenette (f)   *kitchenette*
bureau (m)   *study*
chambre d'ami (f)   *guest room, spare room*
chambre de bonne   *maid's room*
salle de bains (f)   *bathroom*
salle d'eau (f)   *bathroom, shower room*
débarras (m)   *boxroom, junk room*
placard (m)   *wall-cupboard*
rangement (m)   *storage cupboard*
dépendances (f pl)   *outbuildings*
allée (f)   *drive*

III Location et vente

louer (à quelqu'un)   *to let*
louer   *to rent*
loyer (m)   *rent*
location (f)   *letting (of house, etc.); rent*
location saisonnière (f)   *seasonal rent*
contrat (m)   *contract*
clause (f)   *clause*
bail (m)   *lease*
résilier (un bail)   *to terminate (a lease)*
résiliation (f)   *termination*
locataire (m/f)   *lodger, tenant, roomer (Am)*
propriétaire (m/f)   *landlord, landlady, owner*
logeur, -euse (m/f)   *landlord, landlady, owner*
congé (m)   *notice to quit; leave*
donner congé   *to give notice to quit*
se voir notifier son congé   *to receive notice to quit*
expulser   *to turn out*
reprise (f)   *key money*
charges (f pl)   *service charge*
agent immobilier (m)   *estate agent*

faire bâtir une maison   *to have a house built*
maison à vendre (f)   *house for sale*
emprunt-logement (m)   *mortgage*

apport initial (m)   *deposit*
notaire (m)   *solicitor*
taxe d'habitation (f)   *rates*
valeur locative (f)   *rateable value*

IV Aménagement; urbanisme

aménagement (m)   *development; conversion*
aménagé   *converted*
aménageable   *suitable for conversion*
équipement (m)   *fitting out*
(appartement) de grand standing   *prestige, luxury (flat)*
prestations (f pl)   *amenities*
paysagé   *landscaped*
paysagiste (m)   *landscape architect*
jardinet (m)   *small garden*
cour (f)   *yard*
entretien (m)   *maintenance, upkeep*
travaux d'amélioration (m pl)   *improvements*
ravalement (m)   *repair and cleaning, or painting, of external walls*
restaurer   *to restore*
rénover   *to restore*
taudis (m)   *slum*
à l'étroit   *cramped*
populeux   *crowded, overcrowded*
démolir   *to demolish, pull down*
occupation sauvage (f)   *squatting*
promoteur (m)   *property developer*
entrepreneur (m)   *contractor*
urbanisme (m)   *town planning*
ZUP (zone à urbaniser en priorité) (f)   *urban development area*

déménagement (m)   *removal*
déménager   *to move house; to move out*
emménager   *to move in*
s'installer   *to settle in*
meubler   *to furnish*
meubles (m pl)   *furniture*
pendaison de crémaillère (f)   *house warming*

GRAMMAIRE

Révision

1.   L'infinitif

   Byrne & Churchill, paras 425-438
   Ferrar, paras 25-32
   Schaum's, p. 208-215

2.   'Ce' et 'il'

   Byrne & Churchill, paras 250-261
   Ferrar, para 174

3.   Constructions impersonnelles

   Byrne & Churchill, para 343
   Ferrar, para 176

Exercices

1.   Complétez ces phrases avec la préposition 'à' ou 'de' s'il y a lieu:

   a.   Il espère…obtenir bientôt les clés de son nouvel appartement.
   b.   Elle préfère…être citadine plutôt que campagnarde.
   c.   Il faudrait empêcher les propriétaires…garder des appartements vides.
   d.   Il s'est décidé…refaire la toiture de sa maison.
   e.   Il est temps…faire des réparations.
   f.   J'aime…aller dans son bureau.
   g.   Je suis supposé…signer le bail la semaine prochaine.
   h.   Ils sont condamnés…vivre dans un taudis.
   i.   Il lui arrive…traverser ce quartier.
   j.   Sa logeuse lui a ordonné…déménager à la fin du mois.

2.   En utilisant les verbes dont l'infinitif vous est donné, faites des phrases suivant le sens général indiqué.

   Exemple: essayer   (Poor weather conditions; you will try to attend.)

   Il fait très mauvais aujourd'hui mais je vais quand même essayer de venir.

   a.   s'excuser   (You have been noisy; you apologize.)
   b.   préférer   (You have been invited somewhere; you prefer to stay at home.)
   c.   s'abstenir   (You are a non-smoker; you prefer people not to smoke in your flat.)

d. consister (You take an examination; it has two parts: a written paper and an oral.)
e. défendre (Cards; no cheating.)
f. servir (You have found this old hat; it could be useful for...)
g. souhaiter (A good book; you wish to read it again.)
h. tarder (You are going to the cinema; your friend is late.)

3. Traduisez en français:

a. It's true and once again you are right.
b. It was clear that she hadn't even bothered to pick it up.
c. It could have been Mark but it wasn't obvious.
d. He is an Englishman and he has a passport to prove it.
e. Who is there? I think it is a burglar.
f. It was almost midnight and it was cold.
g. I will try to explain but it will be difficult.
h. It was important for her to be notified as soon as possible.

4. Traduisez les phrases suivantes en français:

a. It is difficult to find a flat through a newspaper ad.
b. He is a landscape architect and it is his job to improve the appearance of these awful gardens.
c. It is such a splendid flat! It is a pity they have to move.
d. The lady in the green coat? She is Mme Dubois and she lives in the house across the road.
e. It wasn't really possible to leave the flat as I had signed a lease.
f. This remains to be seen but, in any case, it won't happen tomorrow.
g. I have read the letter. It's about paying the agent's fee.
h. That's a bit much! I thought I had got it right!

5. Complétez la lettre suivante en traduisant en français les mots anglais mis entre parenthèses.

Chère Fabienne,

(That's it), je suis dans mon (new) appartement! (I have just) emménager. (It is) incroyable le nombre de trucs (you need)! Tu dépenses un argent fou et (you don't even see) le résultat: (it's not only) des rideaux mais des choses comme un balai ou une poubelle. J'ai un lit pour les copains et (I hope you'll visit me). Il faut que tu viennes (as soon as possible) et que tu (spend) quelques jours ici. Tu pourrais (help me) fignoler l'appartement et (we'll have time to go shopping).

(Drop me a line) à l'adresse (above) ou (phone me) pour qu'on (agree on) les dates. (See you soon).

UTILISEZ VOS CONNAISSANCES

A l'Oral

1. En quoi consiste le travail des personnes suivantes?

    a. l'agent immobilier
    b. le notaire
    c. le concierge
    d. l'entrepreneur
    e. le paysagiste
    f. le promoteur

2. Conversation téléphonique:

Vous êtes un petit groupe d'étudiant(e)s qui cherchez un appartement dans une ville universitaire française. Vous avez trouvé une petite annonce dans le journal local et vous téléphonez au propriétaire.

Il ne s'agit pas nécessairement de traduire les phrases mais de vous exprimer au mieux en utilisant les données entre parenthèses.

le propriétaire	—Allô, oui?
vous	—(You check that you have the right number.)
le propriétaire	—Oui, c'est bien ça.
vous	—(You are phoning about the flat advertised in L'Echo. Is it still available?)
le propriétaire	—Oui, il est toujours disponible.
vous	—(The ad says it is an F3 type: does this mean a living-room and two bedrooms?)
le propriétaire	—C'est cela, oui, avec cuisine et salle de bains.
vous	—(How much is the rent?)
le propriétaire	—1 800 F par mois sans les charges.
vous	—(Is a returnable deposit required?)
le propriétaire	—Oui, l'équivalent de deux loyers mensuels, c'est-à-dire 3 600 F.
vous	—(You would like to see the flat.)
le propriétaire	—Oui, bien sûr, quel jour vous arrangerait le mieux?
vous	—(Wednesday, preferably 6.00 pm. Ask if it is all right.)
le propriétaire	—Voyons, mercredi. . ., oui, ça va.
vous	—(Ask for details of the address.)
le propriétaire	—C'est au 13 avenue Emmanuel Maire. La résidence s'appelle 'Le Belvédère'.
vous	—(Ask which part of town it is in, as you are a newcomer to the city.)

le propriétaire   —C'est vers le sud. Prenez le bus 96.

vous   —(You think you can find it. You confirm the arrangements. You end the conversation.)

3.   Jeu de rôles:

Vous visitez un appartement meublé pour vous-même et deux autres étudiant(e)s qui allez passer une année scolaire en France. Vous voulez louer cet appartement pour neuf mois mais le propriétaire préfère louer pour un an. Vous trouvez l'appartement cher. Négociez en faisant remarquer au propriétaire l'état des lieux.

4.   Décrivez le logement de vos rêves (un manoir à la campagne? une garçonnière luxueuse? une péniche aménagée? ou...) et ses aménagements.

5.   Lisez les petites annonces ci-dessous. Choisissez le logement qui vous conviendrait le mieux et dites pourquoi.

• **Loue étudiant** très beau T1, meublé (proximité gare) pour année scolaire. Téléphoner au 41.87.55. (de 9 hà 10 h et 17 h à 18 heures).	• **Loue studio avec kitchenette**, salle de bains, place parking résidence calme, 1.100 F mensuels. Téléphoner au 41.76.50.	• **Libre 1er décembre grand type II**, centre ville, dans résidence, 14e étage, ensoleillé, orienté Sud-Ouest, loyer 1.500 + 600 de charge. Téléphoner au 41.88.35.
• **Location beau** 2 Pièces chez particulier, tout confort, ttes commodités, quartier St Nicolas, 1.600 F, toutes charges comprises. S'adresser SINOIR, Tél. 41.73.05	• Particulier **loue centre, meublé**, studio, cuisine, douche, réfrigérateur, chauffage indépendant pour une ou deux jeunes filles. S'adresser 5, rue Toussaint	• **Loue beau local 100m² env.**, belle façade soit atelier ou dépôt, élect, eau, tél. quartier Chalouée, Angers Téléphoner au 41.43.86.

A l'Ecrit

1.   Traduisez en anglais le texte suivant:

Les Français, qu'ils soient aisés ou modestes, sont déroutés par la crise du logement et les problèmes qu'elle pose. Pour répondre aux questions surgies de cette crise, une journée 'portes ouvertes' a été organisée à Paris par 400 notaires qui ont été mobilisés pour éclairer gracieusement le public.

Parmi les questions qui préoccupent les propriétaires est celle de savoir si c'est le moment de vendre. La réponse est oui, en particulier à Paris, tout en sachant que les petits logements se vendent mieux que les grands. Si vous êtes propriétaire d'un vaste appartement cependant, ne désespérez pas: vous pouvez toujours le scinder en deux plus petits, sous réserve d'obtenir l'accord des copropriétaires, nécessaire dès qu'il faut ouvrir une nouvelle porte palière.

Beaucoup veulent savoir en termes généraux si la pierre est encore un bon investissement. La réponse est non s'il s'agit de spéculation (c'est-à-dire acheter pour vendre à court terme), mais oui s'il s'agit d'un placement à long terme.

Si vous avez la chance d'être propriétaire de plus d'un logement, la question se pose de savoir s'il est avantageux ou non de louer ceux que vous n'utilisez pas personnellement. Pour des raisons légales et financières, certains préfèrent laisser leurs logements vides. Pourtant, appartements et maisons doivent être entretenus; faute de quoi ils se dégradent et perdent de leur valeur.

2. Rédaction dirigée:

Est-il préférable de grouper les immigrants dans des immeubles qui deviennent des ghettos, ou d'essayer de les insérer dans la communauté?

Arguments de principe: qu'est-ce qui est bon pour eux? pour la société dans laquelle ils vivent? pour les deux?
Cherchez des exemples de faits dans votre pays, en France ou ailleurs. Donnez votre réponse personnelle au problème.

400 mots

3. Vous arrivez dans une ville de province française et vous cherchez une chambre pour trois mois. N'ayant rien trouvé dans les agences, vous allez mettre une petite annonce dans le journal local. Rédigez-la en utilisant comme modèles les petites annonces de la question 5 dans la section 'Utilisez vos connaissances à l'oral'.

4. Traduisez en français:

As it happened, Peter had found the note, which he was sure had been written by his solicitor, quite convincing. He had not hesitated to obey its instructions which, though they might seem unusual, he had been anticipating for some time.

He had been told to go to a ground-floor flat in a house some distance beyond the roundabout. He was supposed to arrive at exactly 10 pm and to carry a black leather briefcase. If he were to say anything to anybody about the note, nobody would come to the meeting place. He had thought of ringing his solicitor, but had changed his mind.

He had made for the house, arrived there in good time, opened the front door and gone in. Had he not become suspicious, he had been asked later, that the door was not locked? He thought he had. What he remembered seeing when he switched on the light was the aspidistra in the hall. Later still, in court, he admitted that it was a pity he had not scrutinized the character with the thick beard, seeing that the police wanted to question him as a matter of urgency.

5.   Faut-il démolir ou rénover?

Cherchez les arguments 'pour' et 'contre' la démolition ou la rénovation des habitations. Trouvez, si possible, des exemples illustrant vos arguments.

250 mots

6.   Rédaction:

Y a-t-il des sans-abri dans votre pays? Quelles sont les causes de ce problème? Est-il possible d'y remédier? Comment?

300 mots

VII

LES LOISIRS

DOCUMENT ECRIT I

NET D'AZUR

Les côtes de la Riviera sont abordables.

Le temps des grands aménagements sur la Côte d'Azur est, désormais, révolu.
Après avoir beaucoup construit on s'efforce, aujourd'hui, de reconquérir le littoral
avec un double objectif de protection de l'environnement et de déprivatisation du
domaine public maritime. Les 'marinas' sont, définitivement, hors-la-loi.
L'assainissement des villes côtières s'améliore peu à peu. Le principe du libre   5
accès à la mer est en passe d'être, presque partout, garanti. La mise en œuvre
d'une politique de gestion du milieu marin témoigne, enfin, du renversement de
tendance positif qui s'est opéré ces dernières années.

Les nouveautés de la Côte d'Azur sont, en fait, peu spectaculaires. Une station
d'épuration ou un émissaire en mer ne se 'voient' pas, bien que ce type d'ouvrages   10
intéresse, au premier chef, les baigneurs. Dans le cadre du programme d'assainissement du littoral (PAL), lancé en 1980, plusieurs opérations ont été récemment achevées ou touchent à leur terme. Il s'agit notamment, dans le Var, de la
terminaison de la station d'épuration de Sanary-Bandol et des extensions ou
améliorations de celles de La Londe-les Maures, Bormes les Mimosa-Le   15
Lavandou, Cavalaire-La Croix Valmer et Hyères. Dans les Alpes-Maritimes, le
prolongement, à 500 mètres du rivage et à 72 mètres de profondeur, de l'émissaire en mer de Cagnes-sur-Mer a supprimé, définitivement, les problèmes de
pollution qui existaient en ce point de la Côte.

Les plages, elles-mêmes, n'ont que peu changé de physionomie d'un été à l'autre.   20
Le souci des communes du littoral varois est, là aussi, depuis quelques années, de
corriger certaines erreurs du passé. Des opérations de restructuration, inconsi-
dérées, du rivage, conjuguées à une exploitation intensive de sablières à l'embouchure des fleuves côtiers, ont, en effet, favorisé le travail de sape de la mer.
De nombreuses plages du département se sont amenuisées de façon parfois spec-   25
taculaire. La construction d'épis de protection émergés a permis, dans certains
cas, d'interrompre l'érosion et même de 'réengraisser' des plages en voie de
disparition comme celle de la Croisette à Sainte-Maxime. Les risques d'une
'artificialisation' des côtes varoises ne sont pas, pour autant, conjurés. En

30   témoigne la tendance à une pérennisation—illégale mais tolérée—des installa-
      tions balnéaires sur les plages concédées.

                                  Randonnées

      La réhabilitation de l'ancien 'chemin des douaniers'—datant du Premier
      Empire— ouvre, en revanche, de nouveaux espaces naturels au public. Le but est,
      à terme, d'établir une continuité de cheminement sur tout le littoral hors des
35   zones urbaines et des secteurs occupés par des établissements publics ou mili-
      taires. Faute de moyens financiers suffisants, ou en raison de difficultés tech-
      niques ou juridiques, le rythme des aménagements s'est, certes, ralenti. Dans les
      Alpes-Maritimes, on bute toujours—et pour longtemps sans doute—sur la réali-
      sation des derniers tronçons restant à achever autour des caps d'Antibes, de Nice
40   et de la pointe de l'Esquillon, à l'ouest de Cannes (une douzaine de kilomètres
      s'ajoutant à la trentaine pouvant déjà être parcourus sans obstacles). Dans le
      Var, près de 160 kilomètres de côte rocheuse sont désormais praticables en une
      dizaine d'itinéraires différents et près de trois cents si l'on intègre les plages et
      les zones urbaines ou portuaires accessibles. En deux ans, le sentier littoral
45   varois aura été prolongé d'une soixantaine de kilomètres. Compte tenu des
      secteurs militaires 'stérilisés', près de 70% des rivages du département sont
      actuellement offerts aux amateurs de randonnée pédestre.

      La liberté de circulation en bord de mer est liée à la déprivatisation du domaine
      public maritime et, plus précisément, au régime des autorisations d'occupation
50   temporaire (AOT) délivrées à certains riverains. L'ensemble des AOT arrivant à
      échéance[1] ont été réexaminées à la lumière des nouvelles instructions données,
      en octobre 1983, par le secrétariat d'Etat à la mer. Dans le Var, où les problèmes
      étaient les plus aigus, la plupart des dossiers de renouvellement (environ deux
      cents à la fin de 1984 sur un total de huit cents) ont été réglés dans les meilleures
55   conditions. L'administration a notamment conclu un accord avec Brigitte Bardot
      qui s'est engagée, l'an dernier, à aménager des portes dans les murs-épis
      construits au droit de sa propriété de la Madrague à Saint-Tropez. Aucun délai
      de réalisation n'a cependant été imposé à l'actrice qui temporise...[2] Dans le
      domaine de la plaisance, la Côte d'Azur marque, par ailleurs, une pause. Sur le
60   littoral des Alpes-Maritimes une dizaine de ports ont été créés en quinze ans
      portant la capacité actuelle à plus de treize mille cinq cents places. Seule innova-
      tion: l'aménagement, dans le port d'Antibes-Vauban, d'un bassin en eau profonde
      permettant d'accueillir de grandes unités de 40 à 110 mètres de longueur. Ces
      installations, dont le coût s'élève à 113 millions de francs, s'adressent à la riche
65   clientèle du département—en particulier du Moyen-Orient—qui ne trouvait pas,
      jusqu'ici, de ports adaptés à ses besoins.

      La mise en œuvre, à l'échelle régionale, d'une politique de gestion du milieu
      marin illustre, enfin, la volonté des élus de sauver le littoral par des moyens

offensifs. Les espoirs placés dans l'utilisation des richesses biologiques de la mer—par des expériences de cultures marines—ont été, pour le moment, rela- 70 tivement déçus. Mais les résultats obtenus dans l'aménagement de réserves de pêche ont été très concluants. Le département des Alpes-Maritimes a fait œuvre de pionnier en lançant, le premier, plusieurs opérations d'immersion de récifs alvéolaires en béton servant de lieux de reproduction aux poissons et aux crustacés. Le béton 'dégradant' des 'marinas' devenant source de vie: un symbole, 75 peut-être, de la Côte d'Azur...

1. Ces autorisations recouvrent des ouvrages réalisés sur le domaine public maritime d'importance très différente, allant du simple escalier privatif de quelques mètres carrés au parc de stationnement public d'une commune, en passant par toute une gamme d'appontements, terrasses, solariums, cales de 80 halage, etc.

2. Aux termes de l'accord qu'elle a signé, Brigitte Bardot n'est tenue, par ailleurs, de laisser les portes de son mur ouvertes qu'en sa seule absence.

© *Le Monde*

Exploitation du Document

1. Notes et résumé.

   a. Prenez des notes sur le texte. Ne recopiez pas de phrases entières mais écrivez quelques idées générales ou mots qui vous serviront d'aide-mémoire.

   b. En vous servant uniquement de vos notes, faites un résumé oral du texte en à peu près trois minutes.
   Dégagez-en les idées essentielles et exprimez-les de façon aussi claire que possible. Ne vous encombrez pas de détails inutiles et ne commencez pas votre résumé par: 'le texte s'agit de...'

2. Vrai ou faux?

   a. Le programme d'assainissement du littoral intéresse particulièrement les baigneurs.

   b. A cause du travail de sape de la mer, de nombreuses plages se sont amenuisées.

   c. Le chemin des douaniers date de la période 1852–1870.

   d. L'opération de reconquête du littoral vise à protéger l'environnement et à déprivatiser la côte.

   e. Les obstacles à la continuité d'un chemin côtier sont uniquement d'ordre juridique.

   f. Brigitte Bardot a refusé l'accès au littoral dans sa propriété de Saint-Tropez.

g. En ce qui concerne la plaisance sur la Côte d'Azur, on aménage mais on ne développe plus.

h. Le département des Alpes-Maritimes a aménagé avec succès des réserves de pêche.

3. A votre avis, de quoi s'agit-il?

a. 'renversement de tendance positif' (l. 7)
b. 'installations balnéaires' (l. 30)
c. 'difficultés techniques ou juridiques' (l. 36)
d. 'treize mille cinq cents places' (l. 61)
e. 'de grandes unités' (l. 63)

4. Etude lexicale:

a. En utilisant votre dictionnaire habituel et un dictionnaire de vocabulaire contemporain comme, par exemple, le *Dictionnaire des Mots Contemporains* (Robert), expliquez en français le sens des mots ou groupes de mots suivants:

—marinas (l. 4)
—station d'épuration (l. 9)
—émissaire en mer (l. 10)
—sablières (l. 23)
—embouchure (l. 23)
—caps (l. 39)
—déprivatisation (l. 48)
—riverains (l. 50)
—temporise (l. 58)
—bassin en eau profonde (l. 62)

b. Utilisez les expressions suivantes dans des phrases de votre composition:

—être en passe de (l. 6)
—en revanche (l. 33)
—à échéance (l. 51)

c. Traduisez en anglais le mot 'crustacés' (l. 74) et donnez au moins trois exemples en français de cette classe d'animaux.

d. Trouvez des synonymes aux mots suivants:

—littoral (l. 34)
—tronçons (l. 39)
—randonnée pédestre (l. 47)
—concluants (l. 72)

e. Les mots qui suivent peuvent avoir différents sens suivant le contexte. Donnez en anglais les différentes traductions pour chacun de ces mots.

—régime (l. 49)
—secrétariat (l. 52)
—dossiers (l. 53)
—échelle (l. 67)
—cultures (l. 70)

5. Traduisez les phrases suivantes en essayant de vous rapprocher le plus possible du texte original sans toutefois le consulter:

   a. Within the context of the programme to reduce pollution along the coast which was started in 1980, several projects have been recently completed or are nearing completion.

   b. For want of sufficient financial resources or because of technical or legal difficulties, the rate of improvements has indeed slowed down.

   c. In the space of two years, the coastal path of the Var will have been extended by approximately sixty kilometres.

   d. These facilities, the cost of which amounts to 113 million francs, are aimed at the rich patrons coming to the département—in particular from the Middle East—who were not until now able to find harbours catering for their needs.

   Vous trouverez la version française de ces phrases aux lignes 11-13, 36-37, 44-45, et 63-66.

6. Et maintenant, un peu de géographie!

   a. Quels départements sont mentionnés dans le texte? A quelle région administrative appartiennent-ils?
   b. Un grand fleuve traverse cette région. Quel est son nom?
   c. Quels massifs montagneux se trouvent dans cette région?
   d. Il y a deux aérodromes internationaux dans cette région. Lesquels?

DOCUMENT ECRIT II

LE GITE RURAL

Le gîte rural est un logement indépendant, maison ou appartement situé le plus souvent en milieu rural et généralement réalisé dans des bâtiments anciens, selon les normes de la Charte des Gîtes de France.

Le confort, l'aménagement intérieur, l'environnement, l'accès, la beauté du site, l'accueil des propriétaires sont les éléments qui interviennent dans le classement des gîtes en 1, 2 ou 3 épis*.

Tous les gîtes sont pourvus d'une cuisine équipée avec eau chaude et réfrigérateur, et de sanitaire (W.C. intérieurs, lavabo, douche ou baignoire).

*Classement en épis:

EC   : En cours de classement.
1 EPI   : Gîte très simple.
1 EPI NN : Gîte simple.

2 EPIS   :   Gîte convenable.
2 EPIS NN :   Gîte de bon confort.
3 EPIS   :   Gîte de très bon confort.

COMMENT LOUER UN GITE RURAL

—LE CHOIX D'UN GITE

L'annuaire propose deux possibilités:
• Le Service Réservation
• La Location Directe

LA RESERVATION D'UN GITE

• SERVICE RESERVATION

1— Adressez-nous la fiche de demande de réservation ou téléphonez en ayant soin d'indiquer 4 gîtes par ordre de préférence.

2— Vous recevrez par retour un contrat de location en double exemplaires et une fiche descriptive de votre gîte. Retournez-nous un exemplaire signé accompagné d'un chèque du montant des arrhes,[1] soit 25% à 30% de la location (chèque à l'ordre du propriétaire).

• LOCATION DIRECTE

Ecrivez ou téléphonez au propriétaire que vous avez sélectionné.

Précisez:

— vos noms, adresse, téléphone.

— la composition de votre famille (nombre d'adultes, enfants et âge).

— le numéro du gîte rural demandé et la période désirée (les parties de semaine sont comptées pour des semaines entières).

— joignez un timbre pour la réponse.

ATTENTION

— Si le nombre de locataires dépasse la capacité d'accueil prévue par l'annuaire et sans accord préalable, le propriétaire se réserve le droit de refuser les locataires supplémentaires ou de percevoir une majoration.

— Il est conseillé de faire préciser par le propriétaire que la location proposée est bien le gîte rural inscrit avec son numéro dans notre annuaire.

— Selon la coutume, le montant des arrhes est généralement égal à 25 ou 30% du montant de la location; le solde doit être payé à l'arrivée dans les lieux.

— En cas d'annulation de la location par l'usager, pour cas de force majeure, les arrhes versées resteront acquises au propriétaire. Si le propriétaire trouve un nouveau locataire pour la même période, les arrhes seront restituées avec retenue forfaitaire de 30F pour frais de dossier.

— En cas d'annulation sur infraction du propriétaire, les arrhes versées devront être intégralement restiuées.

— Une caution[2] de 400F pourra vous être demandée par certains propriétaires.

Notes

1. arrhes   Somme d'argent qu'une partie remet à l'autre au moment de la conclusion d'un contrat. Ces arrhes formeront une partie du paiement final.

2. caution   Somme d'argent versée comme garantie. Elle est normalement rendue à la fin du contrat.

Exploitation du Document

1. Avez-vous bien compris?

   a. Il y a des lits pour quatre dans le gîte que vous avez réservé. Ils sont tous occupés. Un ami vient vous y rendre visite et s'installe en surnombre. Que fera probablement le propriétaire?

   b. Vous avez réservé un gîte et payé des arrhes. Un mois avant vos vacances vous recevez une lettre du propriétaire s'excusant qu'il ne peut vous recevoir car il a fait une erreur et le gîte était déjà réservé. Qu'advient-il de vos arrhes?

   c. Vous avez loué un gîte et payé des arrhes. Malheureusement vous venez de vous casser une jambe et, ne pouvant conduire, vous annulez vos vacances. Allez-vous récupérer vos arrhes?

2. Traduisez les phrases suivantes en essayant de vous rapprocher le plus possible du texte original sans toutefois le consulter:

   a. Send us the booking form or phone, being sure to list four 'gîtes' in order of preference.

   b. You will receive by return of post two copies of a contract and a detailed description of the 'gîte'. Send us back one signed copy together with a cheque for the deposit, i.e. 25% to 30% of the rent (cheque made out to the owner).

   c. Write to or telephone the owner of the 'gîte' which you have chosen and state:
   —your name, address, telephone number;
   —the exact composition of your family (number of adults, children and their ages);
   —the code of the chosen 'gîte' and the period you require it for (parts of weeks count as whole weeks).
   Enclose a stamp for the reply.

   Vous trouverez la version française de ces phrases dans le paragraphe 'La Réservation d'un Gîte'.

3. Vous avez sélectionné dans l'annuaire le gîte suivant:

B.3 PLOUHINEC 'Mané-Ster'
M. KERVINGANT
Mané-Ster
56680 PLOUHINEC

Deux gîtes de ferme dans le même bâtiment à 2 km de PLOUHINEC. Pêche sur place, mer à 3 km, tennis à 1 km, équitation à 5 km

| 169.13 3 pers 2 EPIS | Rez-de-chaussée. Séjour avec coin cuisine, 1 chambre (1 lit 2 pl., 1 lit 1 pl., 1 lit enfant), |

s. d'eau, chauffage central au mazout, terrain commun, abri couvert, salon de jardin.

169.14
3 pers
2 EPIS

Etage. Identique au 169.13

Ecrivez au propriétaire pour faire votre réservation.

DOCUMENT SONORE

Extraits d'une conversation avec un moniteur de plongée sous-marine.

1. Ecoutez ce document sonore.

2. A l'aide de quelques notes que vous aurez prises en français pendant l'écoute de la bande, résumez brièvement les points essentiels de cette conversation.

3. Questions de compréhension:

   a. Quels sont les trois sports que pratique actuellement ce moniteur?
   b. Quels sont les avantages de la planche à voile?
   c. Depuis combien de temps ce sport existe-t-il?
   d. Quels vêtements portent les planchistes et pourquoi?
   e. Pourquoi les pompiers doivent-ils parfois aller chercher les planchistes en mer?

4. Faites une transcription orthographique du passage suivant:
   'Evidemment, l'eau n'est pas aussi chaude qu'aux Antilles...mais l'eau est plus froide'.

5. Faites une traduction orale rapide de la première partie de ce passage:
   'L'eau n'est pas aussi chaude...de choses très désagréables'. Vous pouvez faire une traduction simultanée ou consécutive; vous pouvez également traduire ce passage à partir de la transcription orthographique.

6. Auriez-vous des questions à poser à ce moniteur? Lesquelles?

VOCABULAIRE

I Vacances et tourisme

loisirs (m pl)   *leisure; spare time*
vacancier (m)   *holiday maker*
syndicat d'initiative (m)   *tourist office*
faire de l'auto-stop   *to hitch-hike*
auberge de jeunesse (f)   *youth hostel*
terrain de camping (m)   *camping site*
sac de couchage (m)   *sleeping bag*
sac à dos (m)   *rucksack*
pension (de famille) (f)   *guest house*
pension complète (f)   *full board*
demi-pension (f)   *half board*
chambre d'hôte (f)   *bed and breakfast*
forfait (m)   *all-in ticket*
voyage à prix forfaitaire (m)   *package tour*
voyage organisé (m)   *package tour*
voyage accompagné (m)   *conducted tour*
agence de voyages (f)   *travel agency*
excursion (f)   *trip*
sortie (f)   *outing*
hors-taxe   *duty-free*

II Beaux-arts

beaux-arts (m pl)   *fine arts*

peindre   *to paint*
peintre (m)   *painter*
peinture (f)   *painting*
chef-d'œuvre (m)   *masterpiece*
peinture à l'huile (f)   *oil painting*
aquarelle (f)   *water-colour*
chevalet (m)   *easel*
toile (f)   *canvas*
pinceau (m)   *brush*
contour (m)   *outline*
premier plan (m)   *foreground*
arrière-plan (m)   *background*
se détacher sur   *to stand out against*
dessiner   *to draw*

dessin (m)   *drawing*
esquisse (f)   *sketch*
estampe (f)   *print*
eau-forte (f)   *etching*
gravure (f)   *engraving*
exposition (f)   *exhibition*
vernissage (m)   *private viewing*

sculpteur (m)   *sculptor*
sculpter   *to carve*
ciseau (m)   *chisel*
moule (m)   *mould*
plâtre (m)   *plaster*
marbre (m)   *marble*
bronze (m)   *bronze*
argile (f)   *clay*
poterie (f)   *pottery*
potier (m)   *potter*
tour (m)   *(potter's) wheel*

morceau (m)   *piece of music*
jouer d'un instrument   *to play an instrument*
s'exercer   *to practise*
faire des gammes   *to play scales*
jouer juste   *to play in tune*
jouer faux   *to play out of tune*
accorder   *to tune*
compositeur (m)   *composer*
partition (f)   *score*
exécuter   *to perform*
chef d'orchestre (m)   *conductor*
baguette (f)   *(conductor's) baton*
instruments à cordes (m pl)   *the strings*
archet (m)   *bow*
instruments à vent (m pl)   *wind instruments*
instruments à percussion (m pl)   *percussion instruments*
chœur (m)   *choir*
chorale (f)   *choir*
soliste (m/f)   *soloist*
mettre en musique   *to set to music*
opéra (m)   *opera*
ballet (m)   *ballet*
corps de ballet (m)   *ballet company*

III Théâtre, cinéma, photographie

spectacle (m)   *show*
troupe (f)   *company*
distribution (f)   *cast*
personnages (m pl)   *characters*
acteur, -trice (m/f)   *actor, actress*
doublure (f)   *understudy*
jouer un rôle   *to play a part*
représentation (f)   *performance*
répétition (f)   *rehearsal*
répétition générale (f)   *dress rehearsal*
salle (f)   *house; auditorium*
public (m)   *audience*
fauteuils d'orchestre (m pl)   *stalls*
balcon (m)   *dress-circle, balcony (Am)*
poulailler (m)   *the gods, gallery*
place (f)   *seat*
scène (f)   *stage*
rampe (f)   *footlights*
décors (m pl)   *scenery*
accessoires (de théâtre) (m pl)   *props*
coulisses (f pl)   *wings*
régisseur (m)   *stage manager*
souffleur (m)   *prompter*
applaudissements (m pl)   *applause*
applaudir   *to clap*
bis (m)   *encore*
bisser   *to encore*
lever le rideau   *to raise the curtain*
rappel (m)   *curtain call*
loge d'artiste (f)   *dressing room*
entrée des artistes (f)   *stage door*
théâtre d'amateurs (m)   *amateur dramatics*

tourner un film   *to make a film*
prise de vues (f)   *photography, shots*
gros plan (m)   *close-up*
mise en scène (f)   *production*
metteur en scène (m)   *director*
réalisateur (m)   *producer*
figurant (m)   *extra*
générique (m)   *credits*

doublage (m) *dubbing*

caméra (f) *cine camera*
appareil photo (m) *camera*
objectif (m) *lens*
pose (f) *exposure*
ouverture (f) *aperture*
mise au point (f) *focus*
pas au point *out of focus*
pellicule (f) *(roll of) film*
diapositive (f) *transparency*
projecteur (m) *projector*
instantané (m) *map (shot)*
négatif (m) *negative*
développer *to develop*
tirer *to print*
agrandir *to enlarge*

IV Lecture et jeux de société

lecture (f) *reading*
bibliothèque publique (f) *public library*
emprunter (qqch à qqn) *to borrow (smth. from s.o.)*
service de prêt (m) *lending section*
salle des périodiques (f) *periodicals room*
succès de librairie (m) *best-seller*

jeu (m) *game; hand (cards)*
cartes (f pl) *cards*
paquet (m) *pack, deck (Am)*
couleur (f) *suit*
trèfle (m) *clubs*
carreau (m) *diamonds*
cœur (m) *hearts*
pique (m) *spades*
as (m) *ace*
roi (m) *king*
reine (f) *queen*
dame (f) *queen*
valet (m) *jack*
atout (m) *trump (card)*
donner *to deal*
distribuer *to deal*
donneur (m) *dealer*
battre *to shuffle*

mêler   *to shuffle*
couper   *to cut*

dames (f pl)   *draughts, checkers (Am)*
échecs (m pl)   *chess*
échiquier (m)   *chessboard*
dominos (m pl)   *dominoes*
dés (m pl)   *dice*

V Sport

athlétisme (m)   *athletics*
se maintenir en forme   *to keep fit*
entraînement (m)   *training*
s'entraîner   *to practise*
entraîneur (m)   *coach*
battre un record   *to break a record*
course (f)   *race*
course de fond   *long-distance running*
course de relais   *relay race*
course d'orientation   *orienteering*
piste (f)   *track*
haies (f pl)   *hurdles*
saut en longueur (m)   *long jump*
saut en hauteur   *high jump*
saut à la perche   *pole vault*
lancer le poids   *to put the shot*
lancer le javelot   *to throw the javelin*
stade (m)   *stadium*
gymnase (m)   *gymnasium*
musculation (f)   *body-building*
cyclisme (m)   *cycling*
VTT (vélo tout terrain) (m)   *mountain bike*
peloton (m)   *main group (in a race)*

équipe (f)   *team*
terrain (m)   *ground, field, pitch*
but (m)   *goal*
marquer un but   *to score a goal*
gardien (de but) (m)   *goalkeeper*
arbitre (m)   *referee, umpire*
mêlée (f)   *scrum*
match nul (m)   *draw*

raquette (f)   *racket*
filet (m)   *net*
tournoi (m)   *tournament*

piscine (f)   *swimming-pool*
tremplin (m)   *springboard*
maître-nageur (m)   *swimming-pool attendant*

vol à voile (m)   *gliding*
planeur (m)   *glider*
parachute (m)   *parachute (jumping)*

marche (f)   *walking*
randonnée (f)   *rambling*
itinéraire balisé (m)   *marked path*

alpinisme (m)   *mountaineering*
alpiniste (m)   *mountaineer*
piolet (m)   *ice axe*
escalade (f)   *rock-climbing*
varappe (f)   *rock-climbing*
ascension (f)   *ascent, climb*

équitation (f)   *riding*
monter à cheval   *to ride*
concours hippique (m)   *horse show*
sports d'hiver (m pl)   *winter sports*
ski (de descente) (m)   *(downhill) skiing*
piste (f)   run
remontées mécaniques (f pl)   *ski-lifts*
ski de fond (m)   *cross-country skiing*
moniteur, -trice (m/f)   *instructor*
patinage (m)   *skating*
patiner   *to skate*
patinoire (f)   *ice-rink*

voile (f)   *sailing; sail*
plaisance (f)   *yachting*
régate (f)   *regatta*
aviron (m)   *rowing; oar*
ski nautique (m)   *water-skiing*
planche à voile (f)   *windsurfing (board)*
planchiste (m/f)   *windsurfer*
plongée (f)   *(scuba) diving*
pêche à la ligne (f)   *angling*
attirail de pêche (m)   *fishing-tackle*

tir (m) *shooting*
tir à l'arc (m) *archery*
cible (f) *target*
escrime (f) *fencing*
fleuret (m) *foil*
adversaire (m/f) *opponent*
boxe (f) *boxing*
judo (m) *judo*
lutte (f) *wrestling*

GRAMMAIRE

Révision

1. Les verbes réfléchis

   Byrne & Churchill, paras 379-381
   Ferrar, para 60
   Schaum's, p. 127-131

2. Le passif

   Byrne & Churchill, paras 382-385
   Ferrar, para 61
   Schaum's, p. 215-217

3. Adjectifs numéraux

   Byrne & Churchill, paras 178-192
   Ferrar, paras 134-153
   Schaum's, p. 85-90

Exercices

1. Traduisez en français:

   a. Do you remember the player who scored a goal in the last minute of the match?
   b. She fell on the ice and cut her hand.
   c. There is always an attendant at the swimming-pool to stop people drowning.
   d. After the contest, the two opponents shook hands and went their separate ways without speaking to each other.
   e. If you want to join the fencing club, you must speak to Helen.

2. Ces phrases sont-elles grammaticalement correctes ou non? Corrigez-les si nécessaire.

    a. Ce livre a été emprunté à la bibliothèque.
    b. Elle a été donnée un roman policier pour son anniversaire.
    c. Il y avait bien un service de prêt, mais on s'en servait peu.
    d. J'ai été demandé si je voulais être figurant dans ce film.
    e. Elle a été promise un nouvel appareil photo.
    f. On l'a accompagnée au cinéma.

3. Les formes verbales qui suivent ont été tirées du Document I. Etudiez chaque cas en vous référant au texte et trouvez des formes équivalentes. Il se peut que dans certains cas il n'y ait pas d'alternative.
    Exemple: ont été réglés (l. 52): on a réglé

    a. —s'améliore (l. 5)   b. —est révolu (l. 1)
        —s'est opéré (l. 8)   —ont été achevées (l. 13)
        —ne se voient pas (l. 10)   —ne sont pas conjurés (l. 29)
        —il s'agit (l. 13)   —sont offerts (l. 47)
        —se sont amenuisées (l. 25)   —est liée (l. 48)
        —s'est ralenti (l. 37)   —ont été réexaminées (l. 51)
        —s'ajoutant (l. 41)   —n'a été imposé (l. 58)
        —s'est engagée (l. 56)   —ont été créés (l. 60)
        —s'élève (l. 64)   —ont été déçus (l. 70)
        —s'adressent (l. 64)   —ont été concluants (l. 72)

4. Adjectifs numéraux

    a. Lisez à haute voix et en français les chiffres suivants. N'oubliez pas que le point en anglais devient une virgule en français.

        92; 100; 427.75; 999; 1250; £634.50; 10 000 000; 26 594

    b. Traduisez oralement en français:

        22nd January; 1/3; 1st April; 1/4; Louis XIV; the nineteenth century; Act 3; 0.25%

5. Traduisez les phrases suivantes en français:

    a. The tourist office was invaded by a group of students who, having lost their way several times, wanted to buy maps of the area.
    b. When the dress rehearsal started, I began to worry and I wondered if the whole cast of 80 would fit on the stage at the end of the final act.
    c. After a couple of hours of painting, she had a wash at the tap as she was covered with paint from head to toe.
    d. About a fortnight ago, she was lent a piano so that she could practise at home.

UTILISEZ VOS CONNAISSANCES

A l'Oral

1. Jeu de rôles (à faire par groupes de deux étudiants):

    Vous êtes employé(e) pendant l'été par le syndicat d'initiative de votre ville. Arrive une famille française ne parlant pratiquement pas l'anglais. Vous faites de votre mieux pour répondre à leurs questions en ce qui concerne l'hébergement. Après leur avoir fait une réservation par téléphone, vous leur expliquez comment trouver l'endroit. Finalement vous leur donnez quelques renseignements sur ce qui est à voir dans la région.

2. Quels sont les avantages et inconvénients du camping?
    Préféreriez-vous ce que les Français appellent un 'mobil home' ou 'camping car' (= camper, motorhome)?
    Justifiez votre réponse.

3. Choisissez une région de France que vous connaissez ou que vous aimeriez connaître. Faites un petit exposé sur ce qui vous intéresse particulièrement dans cette région et sur ses principales attractions.

4. Pour des amis qui n'en comprennent pas la langue vous faites une traduction orale rapide de ces extraits d'une brochure touristique.

QUIBERON

• LA PÊCHE en mer et sur la côte étant réglementée, se renseigner à notre bureau d'accueil. Nombreuses variétés de poissons : bars, mulets, lieus, congres, crevettes, crabes, homards, coquillages, etc. Pêche en mer organisée. Pêche sous-marine. Club de plongée.

les excursions...

*Nombreuses promenades à pied, à bicyclette, à cheval...*vers la magnifique Côte Sauvage, la Pointe du Conguel et sa table d'orientation, ses vieux villages typiques qui ont gardé leur caractère d'autrefois, ses sentiers de petites randonnées, perdus dans la lande, ses vieilles chapelles de St Clément et de St Julien.
A ST-PIERRE-QUIBERON, les alignements de menhirs de Kerbourgnec, le charmant port de Portivy et sa petite chapelle, lieu de pélerinage au mois de septembre, Penthièvre et son fort chargé d'histoire, sa forêt de pins, toutes les plages et ports de la Presqu'île.

Excursions vers les Iles:
— BELLE-ILE-EN-MER par bateau (10 départs par jour) ou par avion
— Iles d'Houat et Hoedic par vedettes (service quot. en juill.-août).
Excursions vers le Golfe du Morbihan et la Rivière d'Auray: circuit combiné
voiture (ou autocar) et bateau.
Excursions vers Josselin (Château - Musée de la poupée).
*Nombreuses possibilités d'excursions proches de QUIBERON: Circuits touristiques par auto-
cars dans toute la Bretagne. Services réguliers fréquents de cars vers AURAY et VANNES.*

• SUR LA PLAGE tous sports et jeux sont permis sans danger. La surveillance des plages principales est assurée par les C.R.S.-M.N.S. Des clubs de plage accueillent et surveillent les enfants dès le plus jeune âge. Culture physique, natation, jeux de plage, volley, windsurfing…sont au programme.

• SPORTS NAUTIQUES: Les écoles de voile accueillent les jeunes et les moins jeunes, les débutants et les navigateurs chevronnés. Régates officielles - courses croisières - et sur la Baie nombreux Championnats de France et du Monde - Étape ou arrivée de la Course en solitaire du Figaro. Location de planches à voile, dériveurs et bateaux à moteur.

5. Vous avez remarqué cette publicité pour un club de gymnastique et vous télé-
    phonez. Exprimez-vous au mieux à l'aide des données entre parenthèses sans
    les traduire mot à mot.

la réceptionniste	—Allô, bonjour!
vous	—(You would like to make enquiries about the club.)
la réceptionniste	—Oui, qu'est-ce qui vous intéresse particulièrement?
vous	—(Keep fit and/or karate. Is it taught in a group or individually?)
la réceptionniste	—Il y a des classes pour petits groupes ou, si vous préférez, vous pouvez avoir des leçons particulières.
vous	—(You enquire about prices.)
la réceptionniste	—Il y a une cotisation d'inscription et, en plus, vous payez un forfait qui varie selon les activités que vous choisissez. Nous avons une brochure avec tous les détails.

vous	—(You would like to be sent the brochure. You also wish to know whether you have to pay extra for the sunbed and the sauna or whether they are included in the subscription.)
la réceptionniste	—Vous pouvez les utiliser gratuitement chaque fois que vous venez.
vous	—(You've noticed they advertise a free trial and you would like to book one.)
la réceptionniste	—Mais certainement. Nous sommes très pris la semaine prochaine mais vous pourriez venir la semaine suivante. Quel jour vous conviendrait?
vous	—(You choose a day and time, you give your name and address for the brochure to be sent to you and you end the conversation.)

A l'Ecrit

1. Rédaction dirigée:

La gastronomie est un des passe-temps favoris des Français. Ceci dit, les temps et les modes changent et la vogue du 'fast-food' menace de détrôner cette institution pétrie de tradition.

En vous servant des éléments ci-dessous, rédigez un devoir d'à peu près 400 mots sur la restauration rapide en France. Ne recopiez pas les phrases mot à mot et ajoutez les arguments qui vous paraissent appropriés. Donnez votre conclusion sur l'avenir de la restauration rapide dans la civilisation moderne.

Ce que c'est que la restauration rapide—Influence des Etats-Unis—Il y a dix ans le succès semblait improbable en France—Echec de Wimpy à Paris— Maintenant succès foudroyant—Le 'fast-food', souvent appelé aussi 'Macdo', est en passe de devenir une institution—Age moyen des consommateurs— Aspects positifs pour le client: on sait exactement ce que l'on aura, c'est propre, rapide—Gros bénéfices pour les chaînes de restauration rapide— Critiques de certains: la qualité est mauvaise, cette nourriture apporte trop de calories, tout est importé, les abords des 'fast-food' sont toujours sales.

2. Traduisez en anglais le passage suivant:

Il reste, surtout, que la perception du tourisme est en train de changer, que, de plus en plus, pour les voyageurs le 'faire' l'emporte sur le 'voir'. Il convient donc de fabriquer des produits adaptés aux goûts de l'acheteur. 'De ce point de vue, relève le ministre, l'association du tourisme et du commerce au sein d'un même ministère est une bonne chose, car la règle d'or du commerce, c'est que le client est roi.' Une évidence que l'on avait peut-être parfois tendance à oublier...

Nouveau langage, nouvelles méthodes, utilisation des médias, recours (encore bien timide cependant) à l'informatique. Autant de choses dont on ne peut que se réjouir. Reste, comme l'a confié le ministre aux députés, qu' 'on ne se lance pas à la conquête des marchés étrangers comme on va vendre un paquet de cacahuètes sur un trottoir'. Le constater était bien; encore faut-il, face à une concurrence internationale de plus en plus âpre, se donner les moyens de son ambition. Force est de se demander, ainsi que l'a fait un député en octobre dernier, s'il n'est pas un peu dérisoire, vu l'insuffisance des moyens informatiques et statistiques actuels, de prétendre agir sur un secteur dont on ne possède, aujourd'hui, qu'une connaissance partielle et limitée, et au sujet duquel on ne dispose pas toujours de chiffres fiables et incontestables. Une lacune grave, reconnue par le ministre lui-même et à laquelle il appartient de remédier rapidement. Faute de quoi le tourisme resterait, pour la France, une mine d'or sous-exploitée.

3.   Traduisez en français le texte ci-dessous:

This is proving to be a boom year for those who choose to spend their holiday breaks on wheels. Bookings at British caravan sites operated by the Camping Caravan Club were up 9% on last year by mid-May, in addition to increased bookings for their overseas service. Bearing in mind that there are more than 4,000 sites listed in the club's latest handbook and sites list, it gives some idea of the increasing popularity of this type of holiday.

The increased bookings are in line with the way people want to spend their leisure time, says Mr George Cubitt, the club's director general. 'The trend away from being part of a package or tied to hotel meals which we have reported in recent years is definitely gathering momentum. Caravanning, touring or camping means relaxed holidays or brief breaks at short notice, often in places not available to other people. It also means economical holiday accommodation wherever you choose to go. Where else, for example, could you stay in Devon at the peak of the holiday season for just £3.80 a night?'

Though there seem to be more towing caravans on the road than ever during the summer, motor caravans have steadily gained in popularity. Both provide the main purpose—being able to escape from the hurly-burly of everyday life.

© The Sheffield Star

4.   La petite annonce ci-dessous a retenu votre attention. Vous écrivez à cet hôtel pour plus amples renseignements (prix de la semaine, dates, ce qui est inclus, repas végétariens, etc.).
Vous pourrez vous servir de la lettre qui suit comme modèle.

Résidences 1600 : une place au soleil.

Prenez vos aises ! A Arc 1600, vous êtes dans un décor où tout est à portée de main. Ici l'ennui n'existe pas. Les activités sont multiples et comprises dans le séjour : Tir à l'arc, piscine, etc... composez le programme de votre journée comme bon vous semble.

Arc 1600, c'est l'altitude liberté, impossible de se perdre. Tout le monde se retrouve sur la place du soleil, le "forum" d'Arc 1600.

C'est la vraie vie de village ! A l'Hôtel Club de la Cachette ou aux Résidences d'Arc 1600.

POUR LES ADULTES

Tennis libre / practice de golf / club Montagne / balade botanique / rafting sur parcours découverte / tir à l'arc / piscine / altitude jogging / gymnastique / gymnastique aquatique / disco gymnastique / yoga / judo / escrime / trampoline / volley ball / pétanque / ping pong / vélo cross / scrabble / échecs / bridge / tournois / sauna / water polo / ateliers manuels / astronomie / sophrologie / base ball / stages de football / musculation / boomerang / karaté.

Vous pouvez pratiquer ces activités librement ou/et choisir un de nos programmes spécifiques :

M. Michel Corbel
22 rue des Colombes
35800 Cesson

Paris — le 28 Juin 1993

Monsieur,

En vacances à Vichy du 1ᵉ au 15 Juillet je voudrais séjourner dans votre hôtel. Je serai accompagné de mon épouse et de mes trois enfants. Serait-il possible de réserver une chambre pour deux personnes avec salle de bain et toilettes, ainsi qu'une chambre avec trois petits lits, situées au même étage, et ce en pension complète pour quinze jours ?

Pendant notre séjour, nous espérons pouvoir faire de la randonnée, notre voiture nous sera donc inutile et je souhaiterais fortement pouvoir la laisser dans un parking. Votre hôtel met-il à la disposition des clients un parking privé ?

Etant donné que nous comptons partir tous les
jours en randonnée, nous serait-il possible de
remplacer les repas de midi par des pique-niques?
Comme en général, il nous sera difficile de
préciser l'heure de retour de nos promenades,
pouvez-vous m'indiquer à quelle heure vous
cessez de servir le dîner?

Auriez-vous l'obligeance de me faire
parvenir ces renseignements ainsi que vos tarifs
afin que je puisse vous envoyer des arrhes?

Je vous prie d'agréer, Monsieur,
l'expression de mes sentiments distingués.

M. Corbel.

FRANCE
REGIONS ET DEPARTEMENTS

Les chiffres correspondant aux départements sont utilisés pour les codes postaux et les plaques d'immatriculation des véhicules automobiles.

APPENDICE B

Sigles

Il est bien connu que la majorité des Français utilisent abondamment les sigles et abréviations.

Lisez le texte suivant qui contient 25 sigles d'usage courant. Si vous en comprenez moins de la moitié, vous risquez d'être mal à l'aise dans la conversation de tous les jours; moins de 5 et vous êtes totalement perdu…

Vous trouverez dans les pages suivantes les sigles et abréviations les plus courants.

Céline voyageait avec la RATP car le stationnement dans Paris devenait impossible et elle avait récolté des PV trop fréquemment. Ayant trouvé une place assise dans le RER, elle pouvait s'offrir le luxe de lire un peu: l'article sur le secrétaire général de l'ONU, le roman policier avec Maigret, inspecteur de la PJ, ou la BD qu'elle venait d'acheter pour l'anniversaire d'Eric?

En fait, elle n'avait pas le cœur à ça parce que, d'abord, elle avait un rendez-vous au CHU en vue de se faire faire une IVG. Et puis il fallait aussi qu'elle organise son voyage à Marseille. Elle pouvait bien sûr aller en voiture par l'A7 (ou la RN7 si elle était trop fauchée) ou encore aller en TGV. Il fallait absolument qu'elle y aille car elle avait deux entretiens d'embauche pour des postes dans des PME dont le QG se trouvait à Marseille. Elle pensait avoir ses chances car son CV était honorable, son QI plutôt élevé et elle avait une bonne présentation de style BCBG. Ce qu'elle aurait vraiment aimé faire, c'était de travailler dans les DOM ou les TOM, mais elle n'avait rien trouvé Elle était prête maintenant à faire des compromis et essayer n'importe quoi pour sortir de la ZUP où elle habitait une triste HLM et abandonner son poste payé au SMIC.

Avant de partir pour Marseille, il fallait encore qu'elle paie des factures qui traînaient depuis plusieurs semaines: celle du plombier (elle avait oublié la TVA), celle de l'EDF, du GDF, sans parler de sa cotisation au PC. Quand elle aurait payé tout cela, il lui resterait tout juste assez pour aller en auto-stop à Marseille.

ANPE	Agence nationale pour l'emploi
AOC	Appellation d'origine contrôlée
AS	Assurances sociales; association sportive
BCBG	Bon chic bon genre
BD	Bande dessinée
BP	Boîte postale
BPF	Bon pour francs (= value in francs)
BN	Bibliothèque nationale
CC	Corps consulaire
CCP	Compte chèque postal, compte courant postal
CD	Corps diplomatique
CE	Comité d'entreprise
CEDEX	Courrier d'entreprise à distribution exceptionnelle
CEE	Communauté économique européenne
CFDT	Confédération française démocratique du travail
CGT	Confédération générale du travail
CHU	Centre hospitalier universitaire
CNRS	Centre national de la recherche scientifique
CRS	Compagnies républicaines de sécurité (= riot police)
DATAR	Délégation à l'aménagement du territoire et à l'action régionale
DOM	Départements d'outre-mer
DST	Direction de la surveillance du territoire
EDF	Electricité de France
FB	Franc belge
FF	Franc français
FO	Force ouvrière
FS	Franc suisse
GDF	Gaz de France
HLM	Habitation à loyer modéré
IVG	Interruption volontaire de grossesse
JO	Journal Officiel; Jeux Olympiques
MF	Modulation de fréquence
OMS	Organisation mondiale de la santé
ONU	Organisation des Nations Unies (= UNO)
OTAN	Organisation du Traité de l'Atlantique Nord (= NATO)
PC	Parti communiste; poste de commandement
PDG	Président-directeur général
PJ	Police judiciaire (= CID)
PME	Petites et moyennes entreprises
PMU	Pari mutuel urbain
PSU	Parti socialiste unifié
PTT	Postes, télégraphes et téléphones
PV	Procès-verbal

QG	Quartier général
QI	Quotient intellectuel
RATP	Régie autonome des transports parisiens
RER	Réseau express régional
RF	République française
RN	Route nationale
RSVP	Répondez s'il vous plaît
SA	Société anonyme
SAMU	Service d'aide médicale d'urgence
SARL	Société à responsabilité limitée
SGDG	Sans garantie du gouvernement
SIDA	Syndrome immuno-déficitaire acquis (= AIDS)
SMIC	Salaire minimum interprofessionnel conventionné
SNCF	Société nationale des chemins de fer français
SVP	S'il vous plaît
TER	Train express régional
TGV	Train à grande vitesse
TNP	Théâtre national populaire
TOM	Territoires d'outre-mer
TP	Travaux pratiques
TSVP	Tournez s'il vous plaît (= PTO)
TTC	Toutes taxes comprises
TVA	Taxe à la valeur ajoutée (= VAT)
VDQS	Vin délimité de qualité supérieure
VRP	Voyageur représentant placier (= rep)
ZI	Zone industrielle
ZUP	Zone à urbaniser en priorité